LE MANS. — IMPRIMERIE DE L'INSTITUT DE BIBLIOGRAPHIE DE PARIS

VERS LA PAIX

H.-J. VAN DER LEEUW-LANGNESE

VERS LA PAIX

UN PONT :

La Paix Européenne
La Paix Caucasique
La Paix Universelle

2ᵉ ÉDITION

PARIS

LIBRAIRIE NILSON, PER LAMM, SUCCESSEUR

7, RUE DE LILLE, 7

(1ᵉʳ mai 1902)

PRÉFACE

De tous temps, un certain nombre de philosophes ont considéré la guerre comme une nécessité première, comme un moyen indispensable à l'émulation des hommes, et comme un préservatif puissant contre l'excès de population qui pourrait se produire. Il est à noter cependant que le nombre de ces philosophes va sans cesse en décroissant, en même temps qu'on voit s'augmenter chaque jour la légion de ceux qui prêchent la paix, et qui passent leur vie à chercher les meilleurs moyens d'y parvenir.

D'où vient ce changement, sinon de la tendance générale de l'esprit humain qui, comprenant la vanité et l'inutilité de la guerre, amené par la civilisation à détester a cruauté, s'achemine, poussé par une irrésistible force, vers une pacification générale.

Nous ne sommes plus au temps où le vieux grec Héraclite disait : « Que la guerre soit la mère de tous les travaux humains » ; nous sommes à une époque où, de toutes parts, un formidable élan est donné par les forts et les puissants du monde pour changer l'antique devise et dire aux hommes : c'est la paix qui doit présider à tous vos travaux ; c'est par la fraternité et la solidarité que vous arriverez au bonheur.

Nous venons d'assister à la conférence de la Haye ; par l'initiative d'un homme généreux et bon, nous venons de voir l'éclosion d'une série considérable d'ouvrages sur la paix, et le prix Nobel n'a été que le prétexte qui a permis à tant de philosophes humanitaires de montrer qu'ils travaillaient depuis longtemps à la recherche des meilleurs moyens de pacification.

Malheureusement, dans toutes les réunions comme dans tous les livres parus sur la paix, on s'occupait seulement de la question prise en gros, considérée du haut des conceptions purement philosophiques, et on voulait arriver au but sans s'occuper des moyens à prendre pour y parvenir.

Or, il est insensé de prétendre qu'il est possible d'arriver d'un seul coup, en un instant, à la paix universelle ; Paris, dit un proverbe, n'a pas été fait en un jour. Entre l'état de lutte et l'état de repos, il faut une période de transition. Il faut employer d'abord des remèdes légers avant d'en arriver à la médication énergique.

C'est ce qui m'a donné l'idée d'écrire ce livre : je l'ai appelé le Pont, pour bien indiquer qu'il s'occupe du passage à créer entre l'état actuel et l'état idéal.

J'ai essayé de montrer qu'il faut nous acheminer par un chemin d'abord étroit, puis de plus en plus large, vers le but à atteindre ; la première partie de ce chemin s'appelle la paix européenne, la seconde la paix caucasique, et l'avenue large et superbe qui en est le prolongement naturel, c'est la paix universelle.

J'ai cherché ma force dans l'économie politique, et c'est pourquoi j'ai ajouté à ma bro-

chure les *Thèses de Stuart Mill*, qui n'ont jamais été publiées. Je sais que tout le monde n'a pas l'occasion ou le temps de lire en entier les œuvres de ce philosophe ; aussi je crois faire œuvre utile en en publiant une sorte de quintessence.

Depuis que j'ai écrit les différentes parties de ma brochure, j'ai pu constater qu'un grand nombre des vœux que j'avais émis se sont réalisés déjà ; je ne perds pas l'espoir d'arriver à une réalisation totale, en voyant que je ne me suis pas trompé dans ma conception idéale. On pourra voir, par les notes placées au bas des pages, le chemin qui a déjà été parcouru, et qui a été pour moi une récompense et un encouragement.

Je ne crains pas de le dire en terminant : Est-il donc encore nécessaire, dans notre siècle, de prouver que la guerre n'est qu'un fratricide sanctionné par la loi.

Et d'ailleurs, si vous voulez vous battre, les occasions ne manquent pas, mais que ce soit sur un autre terrain, sur le champ de bataille du Progrès : la concurrence est *devenue en tout si puissante et nous empêche tellement de nous endormir, qu'il n'est pas besoin d'un autre combat que celui-là. La lutte pour le bien, par le travail et par l'énergie, la voilà la guerre que nous pouvons conseiller, la guerre du Progrès, la guerre du Bien.*

Et nous souhaitons de voir bien vite arriver l'époque où le mot guerre ne sera plus employé que comme synonyme de sauvagerie; tandis que le mot de Paix sera l'expression de l'instruction, de la philosophie, de la concurrence loyale, de l'humanité et de l'amour des peuples civilisés.

H.-J. van der LEEUW-LANGNESE.

Rotterdam, mai 1902.

PREMIÈRE PARTIE

LE PONT

Traduit du journal allemand Neue Hamburger Zeitung *du 11 novembre 1899.*

Sommaire

Je me rappelle parfaitement avoir appris,
sur les bancs de l'école, que : « les États-
Unis d'Amérique sont un pays d'un très
grand avenir, et maintenant que plus de qua-
rante années me séparent de cette époque,
j'ai pu constater qu'ils sont devenus, en
effet, une très grande nation. »

Durant mon séjour dans ce pays que j'ai visité par trois fois, pour y rester un an en tout, j'ai appris à admirer ce peuple pour son énergie, sa force de production et ses progrès pratiques.

Instinctivement, je me suis mis à comparer l'Amérique à l'Europe, et plus les avantages d'une union comme celle des États-Unis me semblaient réels, plus la situation désavantageuse de l'Europe, qui manque d'une pareille union, me paraissait claire.

Les États-Unis ont la doctrine de Monroë, qui veut que l'Amérique soit aux Américains.

Pourquoi ce principe ne peut-il pas servir d'exemple à l'Europe, et pourquoi ne pas dire : « l'Europe aux Européens ? »

Quelque grandes que soient la sympathie et l'admiration des Européens pour les États-Unis d'Amérique qui, en si peu de temps, ont su s'élever si haut, et tout en étant d'accord avec eux sous le rapport du principe de Monroë, il n'est pas impossible que cette nation, grisée par son succès, ne jette un jour ses regards menaçants vers un autre pays. Supposons seulement que l'Amérique annexât les îles de l'Archipel des Indes Occidentales, au nom de son principe de Monroë, sans songer à payer une indemnité quelconque.

Il n'est pas permis cependant de s'emparer de la propriété d'autrui, sans l'indemniser.

A la vérité, nous ne sommes pas en présence d'une pareille situation, cependant elle pourrait se présenter.

Avant tout, le salut de l'Europe exige de se lier davantage. Les dettes nationales, toujours croissantes, finiront par forcer l'Europe à mettre fin à cette situation insoutenable, soit par une conflagration générale, soit par une union. Il est indispensable de réduire les frais des armées et des flottes, de façon à ne plus se ruiner mutuellement, et d'arriver enfin à étudier les questions tendant à améliorer la situation des prolétaires sans nuire aux capitalistes : c'est-à-dire à résoudre la question sociale.

Voyez seulement la différence frappante qu'il y a entre les États-Unis et l'Europe. L'Amérique, un pays avec une armée permanente de 30,000 hommes environ, l'Europe avec des millions de soldats ! et pour couvrir ces charges, des milliards de dettes ! Les pays de l'Europe sont prêts en tout temps à se détruire mutuellement et à se réduire tous à la ruine !

Mes visites en Amérique m'ont toujours convaincu que l'Europe s'approchait de plus en plus de sa chute financière.

Les armées doivent être sans cesse agrandies et améliorées par l'invention d'engins nouveaux.

La flotte doit être renouvelée après chaque nouvelle invention importante, et ces changements coûteux finiront par épuiser les contribuables à tel point que les États aboutiront à des banqueroutes nationales.

Il ne reste qu'un moyen amiable pour régler cette situation insoutenable.

Quel est ce moyen ?

Établissons d'abord les moyens qui n'aboutiront à aucun résultat, et tâchons ensuite de trouver ceux qui atteindront le but.

a) Napoléon a tâché, mais en vain, d'unir les états de l'Europe par la force. Son frère, Louis Napoléon, régna temporairement sur la Hollande d'une manière si raisonnable que les Hollandais n'étaient pas mécontents de son règne. Cette manière déplut à Napoléon qui considérait son règne comme trop débonnaire, étant donné qu'il préférait, lui, agir en autocrate.

b) Les socialistes, tout en tâchant d'anéantir le capital, poursuivent le même but, et il va sans dire que par l'anéantissement du capital, les nations seraient appelées à être ruinées.

c) Une guerre générale en Europe ne peut entraîner que sa pauvreté.

d) Les religions prêchent l'amour; mais la plupart des guerres ont été suscitées par les diversités d'opinions religieuses. La différence des doctrines a toujours donné lieu aux luttes les plus acharnées.

e) Désarmement général ?

Mais quel est le pays qui commencerait, les nations se méfiant les unes des autres ?

f) Arbitrage ?

Ce serait un moyen qui pourrait produire un grand effet ; mais si le pays, qui se croirait lésé par la décision arbitrale, et malgré tout, avait recours aux armes, quelle puissance pourrait l'en empêcher ? Les petites nations seraient obligées de se soumettre à la décision, les grandes resteraient libres, grâce à leur puissance. Les petits états pourraient bien être soutenus par les grands ; mais cela peut aussi donner lieu à une guerre fort complexe, ce que l'on voudrait cependant empêcher.

g) L'Allemagne est l'union de divers états, gouvernés par nombre de princes, mais ayant un chef unique : l'Empereur.

Pareille alliance serait-elle possible pour l'Europe entière ?

Où est le géant qui pourrait résoudre cette question ?

Si un danger nous menaçait du côté de

l'Asie (1), et si par exemple, les 400 millions de Chinois cherchaient à pénétrer en Europe ! chacun croirait une alliance entre les divers pays de l'Europe, possible et indispensable ; à présent cette conviction n'existe pas.

Il n'est pas à supposer d'ailleurs que des princes régnants soient disposés à sacrifier une partie de leur puissance sans que, par la nécessité, ils n'y soient contraints, et l'on croit, en général, que ce danger n'est pas imminent.

Nous avons vu comment l'on n'arrive *pas* à la paix européenne. Traitons maintenant les moyens par lesquels une paix de l'Europe serait rendue possible, et finissons par les moyens lents, mais sûrs, pour arriver à la paix universelle.

De quelle manière parviendrions-nous à une paix européenne ?

(1) Je rappelle que cette brochure a été écrite en 1899, et que, depuis, la révolte des Chinois m'a donné raison, d'abord en montrant que les Chinois étaient susceptibles de se révolter contre les étrangers, ensuite que l'alliance idéale dont je parlais est devenue une chose positive.

Sûrement pas par la force, mais par une préparation graduelle, une préparation à laquelle chaque homme, quels que soient sa position et son rang, peut coopérer de son mieux.

Le résultat serait que les princes régnants finiraient par comprendre la nécessité d'une union entre les divers pays de l'Europe, et de former entre eux une confédération sous un *chef ou une autorité*. Ne voulant pas m'occuper de la politique, je ne rechercherai pas si ce chef devrait être un empereur, un roi, un président, ou tout autre. Il me suffit d'indiquer qu'il faut que ce soit une autorité qui gouverne l'Europe, comme l'empereur d'Allemagne règne sur l'Allemagne.

Le moment, pour la réalisation de cette idée, n'est pas venu encore, et l'on considérera certainement comme utopie cette pensée, à laquelle on fera les objections suivantes :

Comment est-il possible d'unir des pays qui diffèrent sous tant de rapports ? on ne se comprend même pas, car presque chaque pays parle une langue différente. Quelle différence aussi entre les habitudes des nations de l'Europe, et même des races !

N'est-il pas inimaginable que l'Allemagne s'unisse à la France, ou les mœurs turques prendraient-elles faveur dans les autres parties de l'Europe ? Pourrions-nous nous unir à la Russie qui se compose en partie d'Asiatiques ? Les religions, c'est-à-dire les dogmes, ne sont-ils pas trop différents pour être unis, et leurs intérêts ne sont-ils pas diamétralement opposés ? Au point de vue commercial, beaucoup en souffriraient. Quelle différence entre les habitants de l'Europe du Nord et ceux du Midi, et combien différente est leur façon de voir par le sentiment né de leurs histoires nationales réciproques !

De pareilles idées et d'autres encore, pourraient être alléguées contre une confédération européenne, en qualifiant celle-ci d'utopie.

En vérité, toutes ces oppositions sont autant d'obstacles à l'union des différents

États. Et c'est précisément pour arriver au but que je vais tâcher de les aplanir par le programme suivant, à l'exécution duquel, comme je l'ai indiqué plus haut, chacun pourrait coopérer.

Voici quelques avantages qui résulteraient d'une pareille alliance.

a) La paix européenne.

b) Économie énorme par l'entretien unique d'une petite armée, pour le maintien de l'ordre.

c) La possibilité d'affecter ce capital en partie à l'enseignement.

Qui ne reconnaîtra pas que, par une instruction bonne et pratique, on élève de bons et braves citoyens ?

d) Une Europe unie ne craindrait aucun ennemi.

e) L'Afrique et l'Asie pourraient être mises provisoirement sous la protection de l'Europe. Ces parties du monde pourraient être les greniers d'abondance de l'Europe, tandis que pour celle-ci s'ouvriraient de nouveaux débouchés pour ses produits industriels.

Cette doctrine est, en quelque sorte, opposée à celle de la paix universelle, car il est à peine admissible que l'Afrique, et surtout l'Asie, se soumettent à ce régime commercial.

Pour ce qui concerne l'Afrique, il n'y a presque aucun territoire qui ne soit déjà en possession des Européens.

Quant à l'Asie, une Europe unie serait à même d'y imposer sa loi.

Dès que l'Asie et l'Afrique auraient fait les progrès nécessaires pour former elles-mêmes des États indépendants, on approcherait du résultat final, c'est-à-dire de la paix universelle.

f) Par l'exemption des droits d'entrée sur les marchandises, l'industrie européenne deviendrait plus florissante.

g) Depuis 1870, la population de l'Europe s'est accrue de 100 millions d'âmes. Il est donc indispensable que les moyens de subsistance augmentent, car beaucoup de personnes estiment moins désirable de prévenir les naissances, et pour y parer, ne sympathisent plus guère avec les doctrines malthusiennes.

Les émigrations ne débarrassent l'Europe que d'une petite partie de l'excès de sa population, mais celles-ci cesseront entièrement quand les moyens de subsistance augmenteront.

h) Une Europe unié aurait en son pouvoir d'organiser une alliance douanière européenne et de proclamer le libre échange, si elle le jugeait désirable.

L'Amérique comprendrait, dans ce cas, qu'il vaudrait mieux suivre le droit chemin du libre échange, que de faire une guerre de tarifs avec toute l'Europe.

Nous avons vu quelques avantages d'une confédération européenne, qui pourraient être complétés par bien d'autres encore. Si même quelques individus avaient à en souffrir, il ne faudrait pas perdre de vue

que tout changement amène ses revers,
mais comme presque tout le monde doit
en profiter, il s'agit de faire accréditer cette
conviction en général.

Je n'ai qu'un désir, c'est qu'on agisse
avec patience dans la période de transition,
car trop de hâte gâte beaucoup de bien.
Avant de commencer par le programme de
transition, j'ai à faire observer que ce programme demandera à être complété.

Le mieux est de commencer par les choses
simples : d'abord tout ce qui est opposé à
la religion, à la politique ou aux intérêts de
certains pays, ne doit pas, provisoirement,
être touché. Dès que l'opinion générale sera
amenée à la hauteur de la situation, on
pourra s'attaquer à des moyens plus effi-
caces. Il faudra éviter la faute de commencer par la fin ; on l'a compris à la Conférence de la paix de La Haye, où beaucoup
de bien a été effectué.

L'INTÉRÊT DES PRINCES RÉGNANTS

Si j'étais roi, je désirerais être solidement établi sur mon trône, et ce ne serait que très à regret que je sacrifierais une partie de ma puissance.

L'histoire nous apprend que les trônes chancellent souvent, ou même disparaissent entièrement quand d'autres puissances s'en emparent.

Il est de l'intérêt de tous les princes régnants qu'une confédération européenne les mette à l'abri de la guerre. Pour ce qui concerne leur puissance, m'est avis qu'une puissance limitée vaut mieux qu'une puissance perdue, surtout quand elle se trouve quelque peu étendue.

Si même, par une confédération européenne, l'on sacrifiait un peu de cette puissance, la sûreté du trône se trouverait
augmentée de l'amour du peuple pour le
prince, ce qui, en fin de compte, serait
pour lui le fondement le plus solide.

LE PROGRAMME EUROPÉEN

---

1. — Unité des poids et mesures. (*Le système décimal français*) (1).

2. — Fondation d'une union postale, suivant le système allemand.

3. — Dans toutes les écoles, la langue maternelle devra être enseignée avant tout, ensuite la langue anglaise, puisqu'elle est la plus universelle (2), et pour ce qui concerne les autres langues, tout pays pourra agir d'après les exigences du besoin et selon sa propre initiative.

(1) Depuis 1899, l'Angleterre a mis sérieusement à l'étude le projet d'une transformation en système décimal. (Voir Cox, *Journal du Commerce*).

(2) Depuis 1899, l'empereur d'Allemagne a rendu obligatoire l'enseignement de la langue anglaise en Allemagne.

4. — Détermination d'une chronologie européenne.

5. — Les dates ancien style de la Russie européenne devront être mises d'accord avec celles des autres États européens.

6. — Introduction d'une loi de patente avec mode de paiement agressif, comme en Belgique.

7. — Abolition des droits d'entrée sur les vins européens (2), pour combattre l'abus des boissons spiritueuses. Afin de prévenir la fraude, on devra déterminer le degré d'alcool.

8. — Introduction d'une loi pour la protection des animaux.

9. — Un code de commerce unique.

10. — De même, un code d'instruction judiciaire.

11. — Amélioration des races animales de toutes sortes. Pour arriver à ce but, imposer les races inférieures par un impôt progressif.

(2) En France, les droits sur les vins ont été presque entièrement supprimés.

12. — Introduction des monnaies d'or, à raison de 5, 10, 25, 50, 100 dollars, comme transition d'un système monétaire unique.

13. — Augmentation de surveillance contre l'introduction de maladies contagieuses de l'Asie (choléra, lèpre, peste, etc.) (1).

14. — Mêmes mesures au sujet des maladies contagieuses de l'Europe.

15. — Suppression des duels.

16. — Lois forestières uniques (système allemand) (2).

17. — Réglementation de la force motrice (système hollandais).

18. — Télégrammes nocturnes, pour localités principales, à demi-tarif (d'après le système américain); ils pourraient être remis au bureau pendant la journée, devraient être écrits sur des formules rouges et seraient lancés de 10 heures du soir à 7 heures du matin. La délivrance aurait lieu après 7 heures du matin.

(1) Perfectionnement déjà opéré dans les lazarets et bureaux sanitaires.

(2) Exemple déjà suivi en Italie.

19. — Station centrale météorologique, en rapport avec la marine (système américain).

20. — Amélioration des droits de la femme.

21. — Prohibition du mariage pour les personnes atteintes des maladies suivantes : épilepsie, delirium tremens, tuberculose, syphilis.

22. — Encouragement des mariages entre les hommes grands, sains et forts, et les femmes de mêmes conditions ; surtout le croisement des habitants du nord avec ceux du sud, ou du moins, avec d'autres nations. Puisque l'élevage des bestiaux est amélioré, pourquoi n'en ferait-on pas autant pour les hommes ?

23. — La mise à l'ordre du jour de la question du système Raspail (France) pour savoir si la prostitution est à recommander.

24. — Instruction obligatoire jusqu'à l'âge de 16 ans, pour les deux sexes. Les dernières années doivent être principalement employées à l'enseignement pratique pendant lesquelles les jeunes filles devront apprendre à devenir des femmes de ménage (1).

25. — M. Pierson, ministre des finances de Hollande, est célèbre en Europe pour ses lois d'impôts publics ; on devra tâcher d'y introduire ces lois.

26. — Solution de la question israé‑lite.

27. — Etablissement d'une législation relative aux marques de fabrique et forma‑tion d'un tribunal spécial pour les procès de cet ordre.

28. — L'eau-de-vie, le genièvre, le whisky et toutes les boissons à base d'alcool, devront être fabriquées et vendues par l'Etat. Comme moyen transitoire, la création de nouvelles distilleries sera interdite pendant de nom‑breuses années. Par ce fait, les fabricants existants s'enrichiraient, et le monopole serait moins pénible à établir.

29. — Amélioration des wagons de che‑mins de fer et, comme modèle, on pourrait

(1) A noter que l'enseignement professionnel et l'ensei‑gnement ménager ont été fort améliorés.

prendre les « Pullmann Cars » de l'Amérique. A éviter cependant les mauvaises contrefaçons.

30. — Il serait désirable d'établir, entre les villes capitales de l'Europe, des lignes directes de chemins de fer, d'une largeur de rails égale à celle usitée en Russie. Il en résulterait que tous les pays seraient reliés à la Russie.

31. — Que pourrait-on faire pour faciliter la construction de chemins de fer en Afrique et en Asie ? Les États accordent des subventions pour la construction des lignes navales. Ne serait-il pas possible que l'Europe cédât les matériaux de ses chemins de fer à ces deux parties du monde et qu'elle s'en procurât de nouveaux pour elle-même ?

32. — Question des engrais. Restitution au sol de ce qu'on lui enlève (Heidelberg, comme exemple).

33. — Établir des écoles pour les paysans, dans le but de leur faire comprendre que le meilleur agriculteur est celui qui fume son champ avec le meilleur engrais.

34. — Libre échange pour l'orfèvrerie (d'un aloi de 800 au minimum). Une marque distinctive et universelle, augmenterait son débit et le prix de l'argent.

35. — Le système d'emprisonnement doit être organisé au moins de telle façon, que les prisonniers ne fabriquent que les articles dont ils ont besoin eux-mêmes. Ne serait-il pas désirable aussi de faire construire, par les prisonniers, les canaux et les routes, qui, pour le moment, ne sont pas d'un bon rapport ? ou de les employer dans des contrées saines et peu habitées de l'Afrique, ce qui aurait peut-être pour effet d'en faire de bons agriculteurs et de bons citoyens ? (Qu'on songe à l'Australie !)

36. — *Protection* des droits d'auteur.

37. — On prétend souvent que plus les moyens d'extermination seront parfaits, plus vite la guerre sera finie. Si cela est vrai, il serait heureux de pouvoir tirer à boulets de dynamite, car, dans ce cas, tout combat naval serait impossible. Si chaque partie du monde formait une confédération, seule la guerre navale serait possible, et par conséquent la paix universelle serait proche.

38. — Dieu est l'amour : l'amour est Dieu.

39. — L'arbitrage est sûrement possible, mais seulement si les nations se soumettent, ou s'il existe une puissance assez forte pour faire respecter le jugement prononcé.

40. — La géographie doit être internationale ; par exemple : le Français écrira « Londres », le Hollandais « Londen », l'Anglais « London ». Les noms doivent être écrits comme dans le pays même : aucun étranger n'aura le droit de rien y changer. L'Anglais saura le mieux que le nom de sa capitale s'écrit « London » (1).

41. — Dans chaque pays et en tout lieu, tout le monde sera scrupuleusement tenu à s'exprimer, par écrit, en termes clairs et concis. La brièveté est le sel de l'esprit.

42. — Introduction du travail de huit

---

(1) Un officier français s'est exprimé depuis dans le même sens, en proposant un congrès international dans ce but.

heures pour les fonctionnaires publics et municipaux. Cette règle serait également applicable aux mineurs, à condition cependant que le monde entier soit d'accord à ce sujet, car, autrement, l'un des pays pourrait profiter au détriment de l'autre. Il suffirait d'ailleurs de s'accorder sur le travail d'articles uniformes, comme par exemple des mines d'argent. Il va sans dire que le travail de huit heures n'est pas toujours rigoureusement applicable. C'est ainsi qu'après un travail de huit heures, un médecin ne saurait abandonner son malade dont l'état demanderait des soins impérieux !

43. — Etablissement de compagnies d'assurances gouvernementales contre les incendies, avec contrainte.

44. — « Aimez vos prochains ». — Introduction de lois d'assurances contre les maladies, les accidents, pour les invalides et les vieillards, pour la protection des veuves et des orphelins, pour le soutien, en cas de décès, avec contrainte, de tout homme gagnant moins de 2.500 francs par an. Dès que les dépenses pour les armées seront réduites, le temps sera proche où un pourcentage important pourra être accordé aux ouvriers, pour compenser ce qu'ils ne sont plus à même de gagner pour cause de maladies, d'accidents, d'invalidité ou d'infirmités de vieillesse. Les réglementations à ce sujet devront être fort simples, et les questions y afférentes mises au concours.

45. — La santé est le souverain bien des hommes : ce qui fait sentir la nécessité de nommer un ministère de santé. Naturellement, ce conseil doit être composé de médecins, de chimistes, d'ingénieurs, de physiciens et autres personnalités analogues. Comme la science médicale a été moins heureuse dans ses progrès que, par exemple, la chirurgie, il est à espérer que l'avenir pour celle-ci, sera meilleur. Schpenhauer dit très clairement : « Un mendiant bien portant est plus heureux qu'un roi malade. »

46. — Amnistie pour tous les prisonniers politiques, ainsi que pour ceux qui ont commis le crime de lèse-majesté. Combien de fois ces délits ne sont-ils pas causés par la lecture de mauvais livres ou par de fausses idées ? Celui qui se rend coupable d'un crime de lèse-majesté prouve qu'il a été mal élevé ou que la bière a été trop de son goût. Le pardon d'une injure est une douce vengeance. Un nouvel état de choses devra aplanir toutes les anciennes inimitiés.

Et voilà mon premier programme déterminé. A présent, il s'agit de l'exécuter.

Pour arriver à la possibilité d'une confédération des Etats et à la paix européenne, il y a plusieurs moyens qui conduisent au but, mais le mieux serait que les chefs des Etats européens nommassent une commission pour tracer la ligne de conduite qui permettrait d'arriver à l'exécution de ce qui précède.

Peut-être pourrait-on attendre une seconde conférence de paix de La Haye ? Mais je considère comme très dangereuse une attente trop prolongée.

Trois avertissements se présentent maintenant à mon esprit :

a) L'annexion par l'Amérique, non seulement de quelques îles qui lui appartiennent de par leur situation géographique, mais aussi d'autres pays comme les Philippines, par exemple, et tout cela sans paiement d'indemnité aucune de sa part.

b) Au Japon, l'on fabrique des parapluies au prix de frs : 1.25 par pièce. Est-ce que l'Europe est à même de lutter contre une pareille concurrence ?

c) Le Japon, même, fournit des canons à une nation européenne !

Ces faits ne sont-ils pas suffisants ?

Pour accélérer la fin, il serait peut-être plus pratique de mettre tous les articles de ce programme aux voix, sans discussion préalable, et de continuer après par ceux qui auront obtenu la majorité des suffrages exprimés.

Pour accélérer les travaux de la commission, on devra utiliser une machine pour voter, et je considère ce qui suit comme faisable : chaque votant aurait trois petites balles de plomb de 100 grammes chacune ; la balle noire voterait contre, la balle blanche voterait pour, et la balle rouge s'abstiendrait.

Les balles rouleraient à travers des tuyaux fixés *ad hoc*, dans un des trois réservoirs qui se trouveraient adaptés sur des balances. Leur poids montrerait, sur-le-champ, le résultat du vote. Ces balles, gardées dans des caisses spéciales, pourraient être dirigées par des fils électriques, ce qui ferait gagner un temps très appréciable.

Sur ce, mon ouvrage est terminé. Si j'avais contribué, par une petite pierre seulement, à l'édification du temple de la paix, mon désir le plus ardent serait réalisé ; alors un jour poindrait où, dans l'Europe entière, la devise hollandaise retentirait comme un chant de paix :

« JE MAINTIENDRAI ».

Harzburg, 12 septembre 1899.

ÉCLAIRCISSEMENTS DU PROGRAMME

Quand j'ai élaboré ce programme, il m'a semblé que, devant moi, se dressait le Temple de la Paix dont un fleuve immense me séparait ainsi que toutes les autres nations de l'Europe. Dans ma pensée, ce fleuve représente les nombreux obstacles qui s'opposent à l'union des différents peuples de l'Europe ; et comme, selon moi, c'est seulement par cette union que nous pourrons arriver à la paix européenne qui, elle-même, doit nous conduire à la paix universelle, j'ai eu la pensée, pour aplanir toutes ces difficultés, de lancer un pont au-dessus de ce fleuve, afin que tous les peuples puissent arriver jusqu'au seuil de ce temple sacré. La lecture de ce programme, à première vue, pourrait faire croire à un amas confus d'idées ne se suivant pas dans un ordre bien équilibré, mais quand le lecteur aura la clef de ce programme, le système qui en dérive lui apparaîtra alors très clairement.

1. — Le premier article de mon programme se résume en trois mots : Un système métrique. Ceci vous prouve que je commence par l'idée qui me paraît la plus simple et de nature à ne rencontrer aucune opposition de la part des différentes nations qui, pour la plupart, l'ont adopté. Et quand on pense qu'il a fallu à la France plus de cinquante ans pour arriver à la réalisation de cette grande idée, on est en droit d'espérer que les idées de progrès suivront désormais une marche plus rapide.

C'est par des congrès européens, composés d'hommes influents, qu'on arrivera à des résultats certains ; j'ajouterai même qu'il serait à souhaiter qu'il y eût un congrès permanent, chargé d'organiser et de définir nettement le sujet pour la discussion, auquel les délégués des différents pays seraient convoqués.

Il est bien entendu que ces délégués seraient munis de tous les pouvoirs nécessités par les circonstances. L'application de mon invention relative au vote, et dont je parle à la fin de mon programme, pourrait peut-être économiser beaucoup de temps.

2. — Aucun commentaire n'est nécessaire.

3. — Bien que l'Angleterre ait une population égale à celle de la France, si l'on tient compte de son empire colonial, on arrive au chiffre colossal de 400 millions de sujets, dépassant par le nombre, les Russes et les Chinois. De plus, il y aura d'ici peu 100 millions d'Américains qui parleront l'Anglais ; et puisque, en Amérique, la population double en vingt-cinq ans, nous atteindrons un chiffre qui me donne le droit d'émettre cette pensée : que, dans chaque pays, on devrait apprendre la langue anglaise, puisqu'elle est la plus universellement répandue. Un autre motif qui milite en faveur de ce que je dis, c'est que la langue anglaise est facile à apprendre. Cela n'em-pêchera pas, du reste, les gens de la classe élevée, dans tous les pays, d'apprendre aussi la belle langue française.

Les articles suivants, **4, 5** et **6**, sont le complément des articles précédents pour guider les délégués dans la marche des débats et leur enseigner le moyen d'arriver à une prompte solution.

5. — Quant à l'article 5, je tiens à dire que la Russie, dont le calendrier diffère de celui des autres nations de l'Europe, ne demandera pas mieux que d'adopter le gré-gorien, quand ce ne serait que pour détruire la légende qu'elle a convoqué un congrès de désarmement pour avoir le temps de mieux s'armer elle-même. Puisque l'Alle-magne et l'Autriche ont conclu l'union pos-tale, je me demande pourquoi la France, elle aussi, n'accepterait pas d'entrer dans cette union, elle donnerait ainsi un exemple qui serait sûrement suivi par les autres nations.

7. — En ce qui concerne le vin, en me basant toujours sur ma théorie d'entente et d'union entre les peuples de l'Europe, je voudrais que, tout en poursuivant l'idée de faire la guerre à l'alcool, on facilitât le commerce de vin dans toute l'Europe en supprimant les droits d'entrée qui pèsent sur cette généreuse boisson dont l'usage raisonnable ne pourrait nuire aux consommateurs. Ce serait, j'ose le dire, un pont solide qui permettrait aux partisans de l'anti-alcoolisme, de franchir toutes les difficultés pour arriver à leur but.

8, 9, 10. — Ces trois articles sont comme une répétition générale des articles précédents et fonctionnent, pour ainsi dire, comme la contre-épreuve qui permettra de s'assurer de la bonne volonté des nations en cause.

Puisque les animaux chétifs coûtent aussi cher à nourrir que les animaux vigoureux et bien constitués, il faut supprimer les premiers en les grevant d'un impôt progressif annuel.

12. — Cet article a été écrit, je le repète encore une fois, comme *pont* pour arriver à un système monétaire européen dont le type serait le dollar américain, ce qui nous mettrait du reste dans les meilleurs termes avec les Américains.

13. — Depuis que j'ai écrit cet article, on a pris de grandes mesures de précaution pour arriver à localiser la peste, le choléra et la lèpre, mais j'estime que l'Europe unie pourrait aller attaquer l'ennemi dans la place même et combattre avec efficacité ces terribles fléaux sur leur terrain d'origine.

14. — Il en serait de même pour toutes les maladies contagieuses. Ainsi, par exemple, en Hollande, la loi oblige les propriétaires ou habitants des maisons où il y a un cas de maladie contagieuse, à mettre un écriteau sur la porte de ladite maison pour avertir le public.

15. — Le duel est une institution du moyen âge. A cette époque on en appelait au jugement de Dieu. C'était une coutume qui était le privilège de la noblesse. Mais si nous avons le devoir d'imiter les vertus des grands, il ne s'ensuit pas que nous devions imiter leurs vices, d'autant plus qu'il y a assez de moyens de montrer un courage productif : je veux parler du courage des médecins, des sœurs de charité et des pompiers. Qu'il me soit permis de parler aussi du courage de ceux qui, au mépris du ridicule dont on les couvre quelquefois, bravant l'opinion publique, parlent sans crainte et disent leur façon de penser. Quand les lois ne sont pas bonnes, il faut les changer.

16, 17, 18, 19. — Toute explication serait superflue pour définir ces quatre articles qui fonctionnent simplement comme unificateurs et, je ne saurais trop le répéter, comme *pont* pour aplanir toutes les difficultés. C'est ainsi que tous les ans les armées font de grandes manœuvres pour éprouver la discipline et le savoir-faire des soldats.

20. — Quant à la question des droits de la femme dont on parle tant aujourd'hui, si j'envisage l'avenir, je prévois que dans un certain nombre d'années, les moyens d'existence se seront tellement modifiés qu'il sera possible aux hommes de contracter le mariage entre 20 et 25 ans. C'est pourquoi je dis que la femme doit être la main droite de l'homme et que sa véritable place est au foyer domestique.

C'est l'influence de la femme sur ses en-fants qui assurera l'avenir de l'Europe. En effet, l'homme qui dissipe l'argent dans l'in-tempérance ou la débauche peut ruiner sa femme sans que celle-ci puisse s'y opposer, même quand c'est elle qui gagne l'argent ; car la loi ne la protège pas suffisamment. Il est cependant indéniable et de toute justice que la femme non mariée doit jouir des mêmes prérogatives que l'homme.

21. — Dans certains États de l'Amérique on a déjà fait cette proposition ; l'existence de ces infortunés est déjà assez malheu-reuse ; inutile qu'ils engendrent des êtres pour la souffrance et le malheur. J'ouvre une parenthèse, puisque nous parlons d'une question aussi importante que celle de la reproduction de la race humaine, pour rap-

peler les paroles du célèbre chirurgien
français, Jules Péan, qui a dit un jour : « La
matrice est l'organe le plus essentiel et le
plus respectable de l'humanité » ; qu'il me
soit permis d'ajouter qu'il blâmait énergiquement l'emploi du corset, tel que les
femmes coquettes le comprennent ; il ajou-
tait aussi que toute femme devait avoir un
bien plus grand soin de cette partie de son
corps que de son visage. D'après moi, une
législation très sévère devrait imposer aux
patrons qui emploient des femmes ou des
jeunes filles, de leur permettre, chaque fois
qu'elles sont dans la période menstruelle,
de rester assises, autant qu'il sera possible
en faisant leur travail.

22. — Quant à l'article 22, tout éclair-
cissement est superflu

23. — Ce n'est qu'avec une extrême
réserve que j'aborde la question de la prostitution, et je ne veux pas m'étendre longtemps sur un sujet aussi scabreux : mais
puisqu'elle existe, et que les gouvernements
de tous les pays ont été obligés, dans l'in-

térêt de la morale et de la santé publique
de la réglementer, je puis bien me permettre, comme citoyen, de donner mon
opinion sur ce sujet et même de risquer
quelques discrets conseils dans l'intérêt de
tous.

J'aborderai donc la question, non par le
côté triste, car on peut bien le dire sans
crainte d'être démenti : la part de la joie,
je devrais dire de la volupté, dans cette
existence spéciale, est bien petite en comparaison des tristesses et des douleurs qui
en résultent, aussi bien au moral qu'au
physique. Donc faisons passer le rire avant
les larmes. Combien d'hommes, au moment
de rendre leur âme à Dieu, pourraient jurer
qu'en se mariant, ils étaient dans l'état d'in-
nocence de nos premiers parents avant le
péché originel ? Combien pourraient également jurer qu'après le mariage, ils n'ont
jamais, même une fois, manqué à la foi con-
jugale ? Je crois qu'essayer de dresser une
statistique à ce sujet serait très scabreux,
et qu'il vaut mieux croire les yeux fermés

qu'il y en a bien peu, plutôt que pas du tout. Donc, disons-le franchement, si beaucoup d'hommes succombent dans la lutte contre leurs passions, il ne faut pas que, pour un moment d'égarement, un homme voie sa santé compromise à tout jamais, et risque en même temps de compromettre la santé des autres et surtout des siens. Donc, pour être bref, je ne veux pas développer ce sujet : que tout homme qui entre dans une maison de plaisir, placée sous le contrôle de l'État, y soit soumis à un examen préalable pratiqué par un médecin qui, dans le cas de contamination, devra immédiatement éloigner le sujet. Ce système a du reste été préconisé par le chimiste français Raspail ; on éviterait ainsi la propagation de ces terribles maladies qui dévorent des millions d'existences. En terminant sur ce sujet, qu'il me soit permis d'ajouter encore un conseil : c'est que tout homme, en se mariant, doit se libérer de toute attache avec sa vie passée et ne pas se laisser intimider par les tentatives de chantage dont il pourrait être l'objet de la part de celles qui l'ont connu avant son mariage.

24. — Je veux ajouter seulement à cet article que si je devais faire un choix entre ces deux manières de voir, je voterais pour l'instruction des filles jusqu'à 16 ans, et j'ajoute qu'il n'est pas nécessaire de développer cette question, puisque je l'ai fait suffisamment dans l'article 20 ; mais je tiens quand même à affirmer que si la femme, avec sa douceur, son esprit cultivé et sa faiblesse qui est sa force, n'avait pas exercé une influence bienfaisante sur l'homme, il serait encore aussi rustique qu'à l'époque de l'âge de pierre et de l'ours des cavernes. Voilà pourquoi j'insiste si fortement sur mon idée de développer chez la jeune fille ces grandes qualités de l'esprit et du cœur en la maintenant jusqu'à l'âge de 16 ans sous la tutelle scolaire.

25. — Tout commentaire est inutile.

26. — On pourrait écrire un volume sur cette question et ce n'est pas mon intention pour le moment. Qu'il me suffise de dire

qu'on ne doit ni les persécuter, ni les déposséder comme cela se pratique encore dans
certain pays (ce qui est purement et simplement de la barbarie). J'ai l'espoir que ces
quelques mots amèneront un changement
à cet état de choses dans le sens favorable
du mot. Je ne donnerai qu'un conseil très
court et mûrement réfléchi aux intéressés :
c'est qu'ils devraient se marier avec des
femmes de la campagne et appartenant à
une autre race que la leur.

27. — L'industrie a pris, dans ces vingt
dernières années, un tel développement et
les voies de communication sur le globe ont
tellement facilité les transactions commer-
ciales, que je ne crois pas exagérer en disant
que la question d'une bonne loi sur les
marques de fabrique et, mieux encore, une
application sérieuse et pratique de cette loi
est absolument nécessaire. Le développement ou la ruine de l'industrie dépendra de
cette application. J'englobe dans cette loi
toutes les nations de la terre. Je dois dire
que les États-Unis, les Anglais, les Fran-

çais, les Belges et les Portugais donnent, sous ce rapport, un très bon exemple aux autres nations. Un tribunal spécial, pour résoudre cette grande question, est indispensable.

28. — Du moment qu'un article nouveau apparaît, chaque État a parfaitement le droit d'en prendre le monopole quand cela lui paraît fructueux pour ses finances ; seulement, quand l'article est déjà entre les mains de fabricants assez nombreux, ce n'est pas sans commettre une grande injustice que l'État en réclame le monopole ; c'est ce sentiment qui m'a fait écrire cet article. Du reste, cette idée m'est absolument personnelle et je l'ai émise il y a dix ans déjà.

Le monopole nouveau de la Russie nous montre une augmentation de vente dont le résultat financier est favorable.

Seulement le résultat moral est mauvais, ce n'est pas le monopole qui en est la cause, mais le procédé de vente.

Si la Russie avait accepté la manière de

faire de la Suède et de la Norvège, c'est-à-dire la vente par la ligue anti-alcoolique, le résultat moral eût été bien différent. Quand on calcule la perte de travail occasionnée par l'abus de l'alcool, on peut se faire une idée de l'augmentation de la richesse du pays où ce système de vente est employé.

Les prisons, en effet, y sont moins peuplées.

29, 30, 31. — J'ai déjà expliqué, à l'article 27, la valeur des voies de communication au point de vue de la fraternité des peuples.

32. — Sur ce sujet, je ne saurais donner un meilleur avis, d'après les renseignements qu'on m'a donnés, que de suivre l'exemple de Paris, et là où ça ne sera pas possible ou trop cher, d'adopter le système adopté à Heidelberg en Allemagne.

33. — On a dit un jour que la race des paysans disparaîtra et qu'elle sera remplacée, par des ingénieurs et des chimistes ; nous sommes encore loin de là : c'est pourquoi j'ai proposé de fonder des écoles

spéciales ; d'après moi, il n'y a pas de paysans qui ne puissent dire : « Je ne suis pas
assez riche pour ne pas pouvoir fumer ma
terre ». Il en est de même des propriétaires
de chevaux : « Je ne suis pas assez riche
pour ne pas donner beaucoup d'avoine à mes
chevaux ». De même que tout homme peut
dire : « Je ne suis pas assez riche pour ne
pas porter des vêtements de bonne qualité » ;
espérons qu'un jour les patrons diront : Je
ne suis pas assez riche pour ne pas donner
de bons salaires ».

34. — Puisque la valeur du métal (argent)
est une question très grave dont on a parlé
ces dernières années, j'ai tenté de faire
monter la valeur de cet article, c'est pourquoi j'ai fait cette proposition : Plus on uti-
lisera le métal argent dans l'industrie, plus
le prix augmentera, c'est pourquoi j'ai proposé une marque européenne *bien visible.*
J'ai développé cette question dans trois articles parus en septembre 1893, les 12, 13 et
14, dans le journal américain : *The Paducah
Daily News.*

J'ai examiné, autant que possible, la manière dont la mode des dames se crée ; seulement, je n'ai pas trouvé un accord parfait entre les différentes autorités dans ce genre. Si on pouvait tomber d'accord pour une nouvelle mode des dames qui permettrait l'usage plus répandu de ce métal en laissant de côté toute imitation, par exemple les bourses en argent, cette mode serait un avantage pour tout le monde.

35. — L'Algérie est la colonie la plus riche que je connaisse, et je me souviens d'avoir entendu dire cet hiver, dans une conférence faite par un savant hollandais, « que si on exploitait la chaleur des rayons solaires qui font du Sahara une véritable fournaise, on obtiendrait une force considérable comme calorique et comme lumière » ; cette force pourrait se transformer en électricité qui suffirait pour faire fonctionner toutes les industries possibles en Algérie. On pourrait même, à l'aide de câbles sous-marins, l'amener en France où elle rendrait de grands services et on en ferait profiter, en même temps, les autres pays à des prix raisonnables. Il est évident que ce que je viens de dire ne sera réalisable qu'en se basant sur la théorie de l'emploi des grands miroirs. J'ai fait cette petite digression pour arriver au sujet principal de cet article où je parle de la déportation de tous les prisonniers de l'Europe dans le sud de l'Algérie, comme les Anglais l'ont fait en Australie pour les « convicts » (1). Ce serait le meilleur moyen de les transformer en d'honnêtes travailleurs, ce qui est parfaitement possible, étant données les conditions favorables du climat, de fertilité du sol et, surtout, d'éloignement des centres de corruption. Il est évident, que les différents pays devront les aider par des fondations utiles, comme des écoles et des établissements où la morale et l'instruction seront développées sérieusement et aussi par des établissements de crédit fondés spécialement pour cette œuvre.

36. — Le capital intellectuel doit être

(1) Et les Français à la Nouvelle-Calédonie.

aussi protégé que le capital de l'ouvrier, qui est son bras.

37. — D'après les renseignements que j'ai puisés à une source compétente, les découvertes se multiplient beaucoup.

38. — Parle pour soi-même.

39. — J'ai vu, dans une brochure de date récente, qu'on avait eu recours bien des fois aux arbitrages et que les décisions en avaient été toujours acceptées sans aucune récrimination. Je veux bien croire que l'arbitrage est le grand pacificateur, mais le cas où l'un des partis en cause ne se soumettra pas peut se présenter et j'estime, quoi qu'on en dise, qu'il faut une *auto-rité dominant toutes les autres* pour faire respecter les décisions de l'arbitrage.

40. — Quant à la question géographique, il y a déjà, paraît-il, des atlas à Gotha et à Prague où les noms sont inscrits d'après l'orthographe de chaque pays, mais ce qui manque encore, c'est un Codex pour déterminer la prononciation de tous ces noms.

Il est *regrettable* que le *commerce* n'ait pas pris la chose en main, afin d'arriver à supprimer tous les autres. Je dois ajouter que tous les noms doivent être imprimés en caractères *latins*, car nous avons en Europe une douzaine de caractères d'imprimerie différents.

Il faut compter dans cette catégorie :

La Sténographie internationale en adoptant le meilleur système français, par exemple la méthode Prévost-Delaunay, et alors il faudrait y joindre quelques signes, supposons une douzaine, pour pouvoir sténographier dans plusieurs langues. Cette idée m'est venue en voyant les machines à écrire, lesquelles sont souvent faites de façon à pouvoir y écrire, par exemple en français, hollandais, allemand et anglais. Les machines à écrire deviendront donc en partie superflues, mais on peut en fabriquer pour l'écriture sténographique que les négociants peuvent déclarer comme écriture internationale.

41. — L'enseignement dans les écoles

devrait insister fortement sur la question d'apprendre aux enfants à s'exprimer d'une manière brève, claire et respectueuse en même temps, quand ils ont quelque chose à dire. Ceci a une très grande importance, surtout pour la classe ouvrière ; les employés des gouvernements pourraient également en faire leur profit (1).

42. — Je suis opposé aux grèves et je vais vous expliquer ci-dessous pourquoi. Si l'ouvrier a le droit de disposer de son travail, ou, en d'autres termes, de son capital, il n'a pas le moindre droit de forcer les autres à suivre son exemple. J'estime que dans presque tous les pays il n'y a qu'un sixième de la population qui fasse un ouvrage réellement productif, selon l'esprit de l'économie politique. J'ai la *conviction* que dans le pays où l'on fera *augmenter* cette proportion en faveur des ouvriers qui produisent au point de vue de l'économie poli-

____

(1) Depuis 1809, il y a eu déjà beaucoup d'améliorations. Espérons que cela continuera.

tique, j'ai la conviction, dis-je, que ce pays sera sur le chemin de devenir le *plus riche* à condition toutefois que ses *défauts* ou ses *vices* ne *surpassent* pas ceux des autres nations.

Comme le salaire des ouvriers est réglé par l'offre et la demande, je ne vois pas la moindre nécessité de faire des grèves ; la seule circonstance dans laquelle je donnerais raison aux grévistes, c'est quand les patrons se coalisent pour régler ou diminuer les salaires ; je trouve alors que le gréviste est parfaitement en droit de s'opposer à la décision ou à la pression du patron.

Tant qu'on ne pourra se représenter l'Etat comme une grande famille, tant que l'argent ne sera pas considéré plutôt comme un médiateur pour régler les comptes, tant que l'ouvrier ne parlera que de ses droits et jamais de ses devoirs, il sera mécontent de son sort et il cherchera dans les grèves l'amélioration de sa situation ; et pourtant après chaque grève, à la longue, il est plus malheureux qu'avant. La science de faire augmenter les salaires d'une manière naturelle est très difficile, et pour l'instant je ne puis faire mieux que de mettre sous les yeux du lecteur un petit essai que j'ai fait sur ce sujet. Cette question, dis-je, qui marche de pair avec la question sociale, a pour but de démontrer aux grévistes que, bien que je condamne la grève, je suis absolument partisan de l'augmentation des salaires par les moyens naturels et raisonnables. Je vais donc tâcher de résoudre le problème en répondant aux questions suivantes :

A. — Que doivent faire les ouvriers pour arriver à ce but ?

B. — Que doivent faire les patrons ?

C. — Que peut faire l'État pour seconder les tentatives d'augmentation des salaires ?

Avant de commencer, je dois déclarer que quand je parle des salaires, je veux parler du salaire des ouvriers productifs dans le sens le plus strict de l'économie politique. Ces ouvriers constituent un

sixième de la population de l'Europe ;
c'est donc à eux que je m'adresse en les
prévenant qu'un changement subit en leur
faveur n'est pas très possible.

A

*Que peuvent faire les ouvriers pour arriver
à ce but ?*

Rien du tout ! Cela peut paraître bizarre,
mais c'est ainsi, car, quoique le salaire n'ait
qu'à suivre la loi de l'offre et de la demande,
un ouvrier peut faire beaucoup pour améliorer sa position, bien qu'il n'en ait pour
ainsi dire pas les moyens. Je ne saurais
mieux faire pour confirmer ce que je dis
que de mettre un moment sous les yeux du
lecteur le tableau de la vie intime d'un
ouvrier dans son intérieur. Pénétrons donc
par l'imagination dans l'intérieur modeste
d'un travailleur. Partout règnent l'ordre et la
propreté ; rien de superflu, mais on y trouve
tout ce qui est absolument nécessaire à
l'existence. Jean, un charpentier habile, est
assis vis-à-vis de sa femme Maria, bonne et

douce créature avec laquelle il est marié depuis peu de temps ; Maria raccommode des bas, et s'adressant à lui :

MARIA. — Sois le bienvenu, mon ami, tu viens sans doute de ta réunion ?

JEAN. — Oui, mon enfant, je rentre un peu tard, mais le sujet qu'on traitait était si inté-ressant !...

MARIA. — De quoi donc s'agissait-il ?

JEAN. — De l'amélioration du sort des ouvriers.

MARIA. — Ah ! mon Dieu, allez-vous vous mettre en grève !

JEAN. — Non, mon amie, sois tranquille ; dans notre dernière assemblée, où le président nous a démontré clair comme le jour et mathématiquement, que la grève est le pire des moyens pour arriver à l'amélioration de notre sort, nous avons décidé de ne jamais faire grève (1).

(1) J'ai reçu l'observation qu'il se présente des cas où le gréviste est dans son droit. Moi-même je n'ai pas cette expérience, mais j'avoue volontiers que la possibilité de ces cas exceptionnels existera tant que mon programme ne sera pas exécuté.

MARIA. — Et cette idée a-t-elle été adop-
tée par tout le monde ?

JEAN. — Pas tout à fait, il y avait dans
notre assemblée un compagnon qui, se
posant en communiste, a déclaré que si
nous étions tous solidaires, alors la grève
était le seul moyen de faire aboutir
nos revendications ; mais les expressions
par lesquelles cet homme appuyait ses argu-
ments étaient si injurieuses à l'égard des
patrons qu'il a traités de vampires, de bour-
reaux et de sangsues, que nous avons décidé
de lui interdire toute participation à nos déli-
bérations et de l'exclure de notre Société.

MARIA. — Et quelles résolutions ont été
prises ? on a sans doute décidé que les
patrons devaient doubler les salaires.

JEAN. — C'est vraiment dommage que tu
n'étais pas présente à cette assemblée, car
cette question a justement été agitée et un
membre âgé nous a fait comprendre que
les patrons seraient très désireux de pouvoir le faire, mais qu'ils en sont empêchés
par la concurrence.

MARIA. — Ah! oui, très bien, mais alors le gouvernement devrait, par une loi, imposer aux patrons les mêmes tarifs.

JEAN. — C'est impossible, car, dans ce cas, la concurrence avec les autres pays ne pourrait avoir lieu et on ne pourrait plus exporter ; d'ailleurs, les conditions de vie diffèrent beaucoup selon les villes ou les villages. Le sujet qu'on discutait était celui-ci : « Que peut faire un ouvrier productif, qui constitue un sixième de la population de l'Europe, afin d'améliorer son sort ? ».

MARIA. — Pourquoi dis-tu d'un sixième ?

JEAN. — Je veux parler des ouvriers productifs dans le sens de l'Economie Politique.

MARIA. — Economie politique, qu'est-ce que cela veut dire ?

JEAN. — C'est la science de la richesse.

MARIA. — A quoi cela pourrait-il nous servir à nous autres, pauvres gens ! cette science, c'est bon pour les gens riches !

JEAN. — Laisse-moi t'expliquer ; mon frère, le maître d'école, m'a démontré que

les ouvriers productifs sont ceux qui donnent une plus grande valeur à la matière
première.

MARIA. — Oui, mais cela ne me dit pas
ce qu'on a résolu et quand tu recevras une
augmentation de 10 0/0.

JEAN. — Oh ! mais cela ne va pas si vite !
il faut y mettre le temps. Le président nous
a démontré qu'en Amérique les salaires
étaient plus élevés et c'est pourquoi tant
d'ouvriers vont y chercher fortune ; mais il
nous disait que, bien qu'on y gagne trois
fois plus qu'en Europe, la vie, là-bas, étant
bien plus chère, le profit est insignifiant et
il faisait remarquer qu'en dépit des grands
salaires, on importe beaucoup d'articles
industriels d'Amérique en Europe. Les
importateurs n'agissent pas ainsi par philanthropie mais par un esprit d'égoïsme sage-
ment compris : Le secret en est bien simple :
on y fait des inventions très utiles, les
machines là-bas sont d'une perfection
incroyable ; chaque ouvrier est un spécia-
liste dans sa profession.

Maria. — Tu vois donc bien que les patrons sont coupables. Pourquoi n'inventent-ils pas plus de machines ?

Jean. — Tu ne comprends pas très bien la question ; moi-même un jour, j'ai fait une petite invention ; seulement mon camarade l'imita immédiatement, et je n'en profitai pas. Le premier brevet d'une invention coûte trop cher. Dans les grands pays comme l'Amérique, on a une vente énorme, de sorte qu'il suffit d'un seul article pour gagner de l'argent. Prenons par exemple une charrue, on peut avoir une machine pour chaque partie de cet instrument, ce qui permet de le faire à bon marché. En Amérique, l'ouvrier dit : « Mon grand-père a fait *bien*, mon père a fait *mieux*, et moi je ferai *beaucoup mieux* qu'eux ! » Tandis que l'ouvrier, en Europe, dit : « Mon grand-père a fait bien, mon père a fait la même chose et moi je ferai comme eux ».

Maria. — De cette façon, nous suivons l'exemple des Chinois.

Jean. — Pour en revenir à notre président,

il nous a dit encore beaucoup de vérités et nous a dit que nous étions les seuls coupables si notre situation ne s'améliore pas. Ensuite il nous a lu un programme dont voici la teneur :

a) Un ouvrier ne doit pas boire d'alcool.

b) Un ouvrier doit connaître sa profession, autrement ce n'est pas un ouvrier.

c) Il doit considérer les machines comme ses meilleures amies et n'acheter que de *bons* outils.

d) En apprenant l'Anglais, il peut aller partout dans le monde.

e) Un livret de caisse d'épargne lui est indispensable et est le premier pas sur le chemin de devenir capitaliste.

f) Il ne doit jamais visiter sans nécessité des malades atteints d'affections contagieuses car il perd son unique capital, son travail, quand il perd la santé ; donc il doit se comporter hygiéniquement.

g) Il ne doit jamais faire de dettes.

h) Vous devez donner à vos enfants une

instruction supérieure à celle que vous avez reçue.

i) Bien que son patron l'assure contre les accidents, l'ouvrier ne doit jamais oublier que c'est à lui de s'assurer contre bien des choses, donc c'est une augmentation de salaire masquée.

j) Il est indispensable que l'ouvrier choisisse une femme saine de corps et d'esprit afin d'avoir des enfants intelligents et forts.

k) Pour augmenter son salaire de 10 0/0, il doit toujours avoir une semaine d'épargne devant lui et faire ses achats en gros, car il paiera moins cher la marchandise.

l) Ayez de l'affection pour votre patron quand c'est possible, on ne peut donner plus qu'on ne reçoit.

m) Ne chassez pas votre fille quand elle a commis une faiblesse, car c'est la jeter dans la boue.

n) Obligez vos enfants à se lever de bonne heure.

o) Employez pour vos repas les aliments les plus nourrissants.

p) Apprenez que le travail n'est pas *limité.*

q) Ne désirez pas pour vos enfants une classe plus élevée que celle dans laquelle vous êtes né.

r) Faites partie de coopératives pour acheter en gros.

s) Abonnez-vous aux bibliothèques populaires.

t) Aimez les lois qui vous protègent ; elles sont pour vous une sorte d'augmentation de salaire.

u) N'ayez jamais de mauvais livres dans votre maison.

v) Une femme prodigue ruine son mari.

w) La femme mariée doit travailler avec plus d'ardeur au commencement de la semaine dans son ménage.

x) Soyez fidèle à votre religion, soyez tolérant et ne jetez pas vos vieux souliers avant d'en avoir des neufs.

y) Si vous avez une vie sédentaire, prenez du mouvement, en suivant les règles de l'hygiène.

z) Aimez pour qu'on vous aime.

B.

Que peuvent faire les patrons ?

Evidemment rien du tout.

Et pourtant on ne doit pas désespérer, parce qu'ils peuvent faire beaucoup, quand ils sont bien secondés par la classe ouvrière. La loi de fer existe toujours, seulement les patrons sont souvent des hommes de capital et, par conséquent, ils peuvent faire ce qu'un estomac vide ne peut pas faire.

Je suis obligé de me répéter souvent ; mais, bien que ce soit désagréable, pour être plus clair, je suis obligé d'agir ainsi, donc :

a) Agir de même pour l'instruction ; il faut, avant tout, que les filles continuent à recevoir une éducation pratique, au moins jusqu'à seize ans.

Les mères de l'Europe future doivent préparer le terrain afin que tout marche pour le mieux.

C'est triste à dire, mais beaucoup d'ouvriers de la génération présente sont tellement corrompus de toutes les façons, que c'est dans la génération future qu'un changement en mieux pourra s'opérer. La chose n'est pas aussi triste que l'on pourrait le croire à première vue. Les parents travaillent toujours pour l'avenir de leurs enfants, les générations aussi doivent faire de même.

Quand un ouvrier gagne plus qu'il n'a besoin, il change le surplus :

1° En eau-de-vie (eau-de-vice) ;

2° En enfants (pas toujours légitimes) ;

3° En des vêtements, pour paraître davantage qu'il n'est.

b) Nommez des députés qui votent pour le monopole de l'alcool.

o) Portez votre attention sur l'hygiène ; c'est une bonne espèce d'égoïsme que j'appelle l'égoïsme bien compris. C'est au nom de cet égoïsme que les patrons doivent tout entreprendre contre les maladies contagieuses qui commencent généralement chez les pauvres, en d'autres termes chez ceux qui sont indifférents aux lois de l'hygiène, afin de ne pas en être atteints eux-mêmes. Ce conseil est tout ce qu'il y a de plus pratique. Les lois de la nature sont dures et sans pitié, puisqu'elles ne pardonnent jamais et punissent chaque faute commise contre elles.

d) L'introduction de nouvelles industries fait augmenter la demande de travail et aussi par conséquent, l'augmentation des salaires.

Quand la matière brute se trouve dans le pays, alors c'est une industrie permanente (1).

e) Payez les salaires des ouvriers le mercredi et, pour bien débuter, faites-leur cadeau d'une demi-semaine. Cette perte sera compensée pour les patrons par l'effet moral de cette mesure.

Très souvent, l'argent reçu le samedi est déjà dépensé le mercredi.

(1) En France, on a permis de planter le tabac dans une région beaucoup plus vaste.

f) Soyez vous-même pour la journée de travail de huit heures, mais n'en parlez pas avec vos ouvriers. Maintenez-les au travail comme d'habitude, payez-leur le même salaire et utilisez les heures en plus de la journée de huit heures, autant que possible, pour leur bien-être, par exemple : en leur apprenant la gymnastique, en leur enseignant l'hygiène, l'anglais, et en leur faisant répéter sérieusement ce qu'ils ont déjà appris; apprenez-leur aussi à s'exprimer brièvement sur les choses qu'ils ont coutume de dire en employant beaucoup de périphrases.

g) Faites partie d'une institution pour l'émigration.

h) L'Union de l'Art et de l'Industrie, dont j'ai pu moi-même contempler l'aspect glorieux au salon de Paris, nous mène à bien développer cette idée ; autant que possible, il faut que nous vivions dans un milieu d'art et de bon goût.

i) Ayez un grand respect pour les professeurs de sciences, ce sont eux qui sont les éclaireurs, et ce sont les industries qui suivent leurs pas en étudiant leurs sages leçons afin d'en profiter d'une manière financière.

C'est par l'égoïsme bien placé que l'industrie flaire directement les moyens d'exploiter les idées sages de ces éclaireurs. Que ces éclaireurs ne soient pas toujours pratiques, c'est tant mieux pour les négociants et les industriels.

L'agriculture devient, elle aussi, de plus en plus une espèce d'industrie, la différence disparaîtra.

j) Il faut se réjouir quand le voisin devient riche par son travail. Plus il y a de richesse dans un pays, plus la masse peut en profiter soit directement, soit indirectement, pourvu toutefois qu'il n'existe pas des lois comme le droit d'aînesse ; une chose certaine c'est que, dans un pays où les sources sont desséchées, tout le monde a soif.

k) Que les patrons ayant de la fortune fassent entreprendre à leurs fils de grands voyages afin qu'ils apprennent à connaître

ce que valent les autres nations. Il n'y a
que ceux qui ne quittent pas les jupes de
leur mère qui pensent qu'il n'existe rien
de supérieur à leur pays et que les autres
sont des barbares.

1) Lisez les mots suivants de l'écrivain
hollandais M. Reepmaker.

« Je me promets de m'efforcer, *autant*
« *qu'il sera en mon pouvoir*, de combattre
« mes mauvaises passions, de ne pas me
« livrer à la boisson, d'exercer la plus
« stricte probité et d'être droit et juste en
« toute chose et envers tout homme, d'être
« tolérant, de dompter ma colère et de res-
« ter toujours maître de moi, de combattre
« ma mauvaise humeur dont ma famille
« pourrait souffrir, de penser avant d'agir,
« de ne pas médire, c'est-à-dire quand je
« porterai connaissance d'une action blâma-
« ble commise par qui que ce soit, de n'en
« parler à personne à moins que mon de-
« voir m'y force ; de combattre l'égoïsme
« de ma nature, d'aimer tous les êtres hu-
« mains et de pratiquer l'altruisme à force

« de dévouements continuels, de me mettre
« à toute heure en garde contre les mauvai-
« ses pensées qui pourraient germer en
« moi ou m'être suggérées ; je promets en
« un mot d'employer toutes mes forces à
« devenir un bienfaiteur de la Société au
« milieu de laquelle je vis. »

Je m'efforcerai de vivre de telle façon
que ma conduite exemplaire engagera mes
semblables à faire de même.

-- **m**) Inscrivez 10 0/0 de votre profit net
sur un compte en faveur de vos employés
et ouvriers. Il faut déduire de cette somme
ce que l'Etat vous force à faire dans l'intérêt de vos ouvriers. Ensuite, il faut leur
payer la moitié sur des livres d'épargnes,
en comparaison de la somme qu'ils gagnent.
L'autre moitié sera réservée pour faire
ce que vous pensez être juste en leur
faveur.

Dans chaque affaire, cela sera bien différent, donc une règle générale est presque
impossible. Dans les fabriques malsaines,
par exemple une plomberie, il faut songer

au jour où les ouvriers ne peuvent plus travailler par suite des conséquences fatales.

Les tailleurs de pierres également, quand ils ont à peu près 40 ans, sont soumis à bien des maladies. Comme réconfortant, il faut leur permettre un séjour d'un mois à la campagne, ce qui se fait pour 100 francs, quand on se joint en nombre assez considérable.

n) Fixez au moins une heure par semaine, pendant laquelle tous vos ouvriers désirant vous parler pourront s'approcher de vous. La possibilité seule fera déjà beaucoup de bien.

o) Soyez sociables avec vos ouvriers et agissez toujours comme si votre petit-fils pouvait devenir un ouvrier.

p) Soyez sévères, mais justes, et avec le cœur d'un père envers ses enfants, mais n'oubliez pas non plus que les enfants en grandissent.

q) N'exigez pas de reconnaissance de vos ouvriers, soyez satisfait avec le sentiment d'avoir fait votre devoir.

r) Être populáire par vos bonnes actions est difficile, mais joli; être populaire pour avoir flatté les fautes des ouvriers est facile, mais vicieux.

s) Donnez à vos employés, par exemple, deux semaines de vacances; naturellement l'un après l'autre. Vous en profiterez par leur zèle augmenté et, en même temps, vous ne serez jamais dans l'embarras, quand l'un d'eux tombera malade; son travail a été fait pendant son absence par un autre. Donnez, de même, une journée par an à vos ouvriers (1).

t) Donnez de petits cadeaux quand un ouvrier peut vous montrer une amélioration dans le travail. Très souvent, on vous dira des choses sans valeur; seulement, si parmi une dizaine d'observations, il y en a *une* qui soit bonne, vous serez payé pour les neuf autres fois de patience.

u) Ayez aussi de la patience avec leurs petits intérêts. Il arrive souvent que vous

(1) Cette idée a fait déjà beaucoup de chemin.

pouvez donner un bon conseil et leur épar-
gner bien des douleurs.

v) En vous informant sur les parents de
vos ouvriers jeunes que vous avez l'intention d'employer dans votre fabrique, ne
vous inquiétez pas trop de ce que le père a
fait, mais informez-vous, autant que possible, pour savoir si la mère était une bonne
ménagère. Je ne parle pas des exceptions,
mais de la règle.

w) Éloignez les mauvais éléments, de
façon qu'ils ne gâtent pas les bons ouvriers
ou ouvrières, ou bien placez-les, autant que
possible, sous double contrôle.

x) Apprenez à vos ouvriers à faire des
épargnes en achetant par préférence dans
des magasins où les prix sont fixés visible-
ment sur chaque article et que les articles
soient bien empaquetés, et munis de la
marque du nom ou de la signature du fabri-
cant.- Un homme qui a un nom à perdre
n'empaquetera pas un article inférieur quand
sa marque, son nom ou sa signature y
paraissent

y) Apprenez-leur aussi, que le bonheur de ceux, qui possèdent plus qu'eux, paraît souvent plus grand qu'il n'est en réalité. On voit toujours le soleil, rarement l'ombre chez un autre.

Et finalement pensez toujours que la haine et la vengeance sont de mauvais conseillers. Un jugement juste en est nuagé et on finit par être le plus grand ennemi de soi-même. C'est le cas chez quelques individus, mais plus encore chez les assemblées des individus, mais surtout dans un pays entier. Enterrons-les donc !

z) N'oubliez pas de prendre vous-même le temps de visiter d'autres pays. En vous rafraîchissant par le voyage, vous pouvez en même temps étudier les vertus des autres nations.

Si par hasard vous venez en Hollande, vous verrez à Rotterdam la statue d'Erasmus, vous lirez peut-être son « *Éloge de la folie* ». Alors vous dirigerez vos pas vers « den Haag » où vous trouverez, sur le « Pavil-joensgracht », un Juif respecté de tout le monde.

A Amsterdam vous aurez l'impression, sans doute, que quoique nous, Hollandais, nous ayons aussi nos fautes, nous savons bien gouverner nos colonies, que nous sommes chez nous de bons ingénieurs pour les travaux des ponts, canaux et digues, et que l'instruction en est chez nous « *up to date* ». Vous sentirez sans doute comme moi, quand je visite les pays étrangers, qu'on ne peut pas toucher à une seule roue de la grande machine qui forme la société ; il faut toucher à la machine entière.

Et quand vous serez de retour chez vous (à Paris), vous reverrez sur vos boulevards, de temps en temps, un nègre ou un homme coloré, soit d'Asie ou d'autre part ; c'est alors que vous vous souviendrez sans doute que la race blanche, ou en d'autres termes la race caucasique, est en nombre bien inférieur aux races colorées, dans le rapport des chiffres 4 à 10. Et alors vous serez convaincus que les blancs ne doivent plus se faire la guerre. Nous aurons, dans l'avenir, bien besoin de toutes nos forces réunies pour pouvoir résister aux races colorées qui ne tarderont pas à se civiliser, en premier lieu, avec de bonnes machines à détruire.

Visitez alors la statue de Danton et relisez ces mots : « Après le pain, l'instruction est la première nécessité d'un peuple. »

C

Nous voici arrivé à la question : *Que peut faire l'État pour seconder les tentatives d'augmentation des salaires ?*

Seul, évidemment rien du tout ; *mais* avec la coopération des patrons et des ouvriers, *beaucoup.*

Je dis souvent :

La solution permanente de la question sociale, c'est la *combinaison harmonique de tous les moyens qui mènent à ce but*, et, puisqu'il en est ainsi, tâchons de trouver le programme qui mène à ce but désirable.

Pour être clair il faut souvent répéter les mêmes choses :

a) Instruction de l'enfant jusqu'à *seize
ans.*

b) Que les lois scolaires exigent l'étude
de la langue anglaise.

o) Encouragement de l'émigration, quand
la chose est possible, dans les endroits les
plus sains.

d) Laisser au compte de l'État les fabriques dont la nature n'existe pas encore,
ce qui ne sera pas nécessaire quand il y
aura un tarif européen pour les entrées, ou
libre échange ; toutefois, il faut que l'industrie soit basée principalement avec les matières premières produites sur place.

e) Enseigner au peuple qu'il doit s'assurer lui-même contre bien des malheurs,
mais faire des lois temporaires pour le satis-
faire ; la solution sera que l'État peut donner le tout, car l'État c'est *nous.*

f) Que l'État fasse faire des voyages au-
tour du monde, en groupe d'au moins trois,
pour étudier l'industrie, l'agriculture, la
pêche, les mines, les ouvrages des ingénieurs, etc...

Du moment que l'Europe sera unie, on pourra faire des dépenses énormes pour arriver à ce but.

g) Des consuls européens, avec des expositions européennes de toutes productions, feront marcher rapidement la production augmentante. La lutte avec les autres parties du monde est grande, mais prendra des proportions bien plus énormes encore.

h) Les expositions flottantes feront de même.

i) Quand les pauvres seront déportés en Afrique, c'est alors que les salaires augmenteront; autrement, chaque pays sera forcé de prendre des mesures pour leur défendre d'entrer.

j) Les voyages des ouvriers, en masse, devront être faits à des prix très réduits. Il faut que l'ouvrier soit sur le lieu où le travail lui est demandé.

k) Quand les salaires augmentent énormément, c'est alors qu'il faut faire des lois pour diminuer le chiffre des personnes improductives dans le sens de l'Économie

Politique. Tous ceux qui vendent au détail doivent payer une taxe uniforme, mais très basse la première année. L'augmentation d'une taxe doit être discutée tous les ans. Le but est de diminuer le nombre des ouvriers improductifs. Quand cinq personnes peuvent faire un ouvrage, il n'est pas besoin de dix.

l) Sans bonnes lois sur les marques de fabriques, aucun pays ne peut faire la moindre des choses : La France, l'Amérique, la Belgique et l'Angleterre donnent sous ce rapport un bon exemple.

m) Admettre la loi belge pour les inventions.

n) Amélioration des animaux.

o) Amélioration de la race humaine.

p) Libre échange par une voie lente.

q) Hygiène populaire.

r) Transformer les paysans, autant que possible, par des écoles spéciales, en chimistes, ingénieurs et en même temps en des paysans pratiques.

s) Utilisez les prisonniers pour construire les canaux et les chemins et déportez le surplus dans les endroits sains. Déportez vos pauvres et instituez des banques pour les assister financièrement.

t) Employez les matières fécales en les répandant sur vos champs.

u) Favorisez la crémation des corps.

v) Que la place de la femme mariée soit toujours dans son ménage, c'est une règle absolue ; pour les femmes non mariées, il y a une différence.

w) Répétons toujours : « Que les mariages n'aient lieu qu'entre personnes d'une bonne santé ».

x) Que la femme mariée ou veuve ne puisse plus être exploitée par son mari ou par des hommes qui font fonctions de tuteur.

y) Suivez les avis de Raspail.

z) Qu'on enseigne à l'école que l'amour est la morale par excellence.

On le voit : Divisés, on ne peut rien faire ; unis, on peut transformer la terre en un Paradis. Quand on travaillera aussi énergiquement dans cette voie qu'on travaille énergiquement maintenant pour se déplaire, alors le tout ira pour le mieux.

Que le temps de l'éloquence des mots soit fini, que le temps de l'éloquence des faits commence !

43. — Il y en a qui sont pour le système du laisser-aller, d'autres qui veulent tout réglementer ; quant à moi, il me paraît plus raisonnable de n'abuser ni de l'un ni de l'autre de ces deux systèmes, mais d'agir d'après la nature des choses.

44. — Les lois de prévoyance pour les ouvriers, comme par exemple : contre les maladies, les accidents, la vieillesse, pour protéger les orphelins et les veuves, doivent être considérées par l'ouvrier comme des augmentations de salaire dont il n'a qu'à être reconnaissant (1).

45. — Assez clair par lui-même.

46. — Entrons maintenant dans le domaine du rêve et supposons-nous plus

(1) Sous ce rapport les deux dernières années ont été particulièrement productives.

vieux de quelques années. Je suis sur la place de l'Opéra où toutes les maisons qui l'entourent, y compris la rue de la Paix, sont remises à neuf. C'est d'un commun accord qu'on est arrivé à avoir une loi sur l'entretien des façades des immeubles dans les grandes villes (1), de sorte que les façades des maisons, fraîchement ravalées, et repeintes, soient comme un modèle de propreté que tout propriétaire doit imiter pour l'entretien de sa propre maison.

Des sociétés sont massées sur la place et dans les rues latérales, et, à un signal donné, s'avancent en bon ordre. Mais, que vois-je! quel étrange spectacle! une marche funèbre se fait entendre, tous les visages sont graves et tristes comme si de grandes funérailles avaient lieu. Le cortège arrive sur la place de la Concorde et s'arrête devant la statue de Strasbourg qu'on débarrasse de toutes les couronnes funéraires

____

(1) A Paris, on a institué cette année un concours de façades et un concours d'enseignes qui ont obtenu un excellent résultat.

qui la recouvrent et qu'on place dans une voiture spéciale Puis, précédé de cette voiture, le cortège traverse le pont Alexandre III à l'extrémité duquel se dresse un autel immense où on distingue cette devise de Salomon, écrite sur un immense panneau : « Celui qui sait se vaincre lui-même est plus fort que celui qui sait vaincre une ville. » Dans les gerbes étincelantes d'un feu allégorique on lit le mot : « Revanche », et au milieu d'un nuage on entrevoit ces mots : « Paix européenne ». Au dessus un ange se dresse, une palme à la main, semblant contempler ce qui se passe et, sur cette palme, étincellent ces mots : « *Pax Mundi* ».

Les couronnes sont enterrées au pied de l'autel, et, en entonnant ce chant : « Allons, enfants d'une seule patrie », chacun retourne chez soi, profondément impressionné par cette cérémonie où toutes les nations du monde étaient représentées.

Puis, ensuite, les représentants des nations européennes se réunissent dans le Temple de la Paix, et le plus âgé des délégués,

choisi par les représentants des deux plus
grandes nations, prend la parole, et, dans
un discours religieusement écouté, montre
l'état de l'Europe avant la mise en pratique
du programme et après son exécution. «Quel
changement, dit-il ». De tous côtés on
n'aperçoit que des visages radieux ; la maladie, la pauvreté, la confusion des langues
n'existent pour ainsi dire plus. Les hommes
ne sont plus séparés par les religions, grâce à
l'esprit de tolérance et à la pratique de la
base de toute religion : l'AMOUR. Le repos du
dimanche est observé ; les prêtres, pour la
plupart, sont mariés, et grâce à l'hygiène,
la santé générale est revenue. Les ouvriers
qui produisent ont augmenté ou doublé, et
les autres, ayant moins de concurrents,
jouissent d'une existence moins pénible.

L'exemple de Flammarion, de populariser
les sciences naturelles, est suivi ; toutes les
colonies européennes sont gérées, pour le
compte de l'Europe, par des Hollandais,
qui sont considérés comme les meilleurs
colonisateurs ; les frontières, en Europe,

sont supprimées pour les droits d'entrée. L'instruction est obligatoire jusqu'à l'âge de 16 ans. Les impôts sont devenus moins oppressifs par l'application de nouvelles lois, qui ont rendus célèbres le hollandais Pierson et le français Leroy-Baulieu.

Par une entente générale, l'usage de l'*opium* et de l'alcool est rigoureusement interdit pour toutes les races, à cause des ravages qui en résultent dans l'organisme humain.

Et maintenant, le moment est arrivé de parler d'une entente européenne pour le désarmement général, ou tout au moins partiel, et d'utiliser le reste des armées pour le maintien de l'ordre intérieur, et aussi pour se défendre contre les races de couleur qui, étant devenues plus fortes que les progrès de la civilisation, sont devenues tellement redoutables qu'une entente générale de tous les représentants de la race blanche ou caucasique est dans l'air. Enfin après la dernière victoire de la guerre contre la guerre, nous arriverons à la Paix et à la Victoire du Travail.

H.-J. VAN DER LEEUW-LANGNESE,
(Rotterdam).

Paris, Mai 1902.

N.-B. — Qu'il me soit permis, en terminant, de faire une simple remarque. Si j'ai involontairement froissé les sentiments de quelques personnes, elles voudront bien me pardonner. Mais j'ai essayé d'agir comme un chirurgien qui, pour sauver tout l'organisme, enlève la partie malade.

DEUXIÈME PARTIE

LIVRE PREMIER

CHAPITRE PREMIER

DES CONDITIONS DE LA PRODUCTION

Le Travail c'est tout effort de l'esprit ou du corps.

Le Travail c'est tout effort agréable ou désagréable.

Le Travail peut être productif ou improductif.

Le Travail est productif quand il contribue à augmenter les qualités utiles d'un objet et le rend par cela même plus propre à l'usage.

Sont productifs, par exemple, le soufflage du verre, le fauchage ; sont productifs indirectement, les médecins, les avocats, les soldats et les employés.

Le travail est improductif quand la valeur de l'objet n'est augmentée ni directement ni indirectement.

Les produits de la nature sont utilisables soit immédiatement, soit après avoir subi un ou plusieurs traitements préalables.

La nature aide l'homme dans la production.

L'homme ne fait que mettre les objets dans une condition telle que la nature puisse exercer son influence sur eux.

Plus les forces de la nature sont connues, moins il faut de travail pour produire la même valeur.

Les forces de la nature sont actives en tout travail.

Les qualités de la matière sont actives en rapport avec le travail. Par exemple, la décharge d'un fusil, la télégraphie, etc.

La part de collaboration que la nature apporte à l'œuvre ne peut être évaluée.

Les forces de la nature sont limitées ou illimitées, par exemple, l'eau, l'air, la terre.

CHAPITRE II

DU TRAVAIL CONSIDÉRÉ COMME ÉLÉMENT DE LA PRODUCTION

Le travail agit directement ou indirectement.

Directement, par exemple, dans la cuisson du pain, la préparation de la viande.

Travail préparatoire : la filature du lin.

La quantité de travail dépensé pour un objet, ainsi que les instruments employés pour la fabrication de celui-ci, sont difficiles à évaluer, par exemple : cigares, meubles.

Le travail donne rarement un produit direct.

Le travail ne peut être fait sans l'adjonction du capital.

Le travail n'est rémunéré qu'à l'achèvement du produit final.

Les moyens d'existence sont du travail dont la rémunération a eu déjà lieu.

Le bénéfice est la récompense des privations subies, du travail et des risques courus.

Est considérée comme travail extractif l'obtention des matières premières, par exemple le minerai de fer.

. Une matière première peut être en même temps produit final, par exemple : le sable, employé comme lest, le sable employé dans la fabrication du verre.

Est considéré comme matière première ce à quoi est donné une plus grande valeur par le travail,

Les instruments sont des produits de travail antérieur, employés comme collaborateurs du travail pour le rendre plus productif.

La protection du travail est une condition première de sa productivité.

Tout travail dépensé pour le transport, sert à mettre à la portée des consommateurs les produits du lieu de production.

L'enseignement est le travail dépensé à la formation de l'ouvrier dans le but d'agrandir dans l'avenir sa capacité productive.

La médecine est une conservation du travail.

Le travail cérébral peut être très productif, surtout quand il est employé à de nouvelles inventions.

Toute nouvelle application des forces de la nature dans l'industrie augmente sa productivité.

Le travail des champs et le travail industriel sont difficiles à délimiter d'une façon exacte.

CHAPITRE III

Tout travail ne servant pas à l'accroissement de la richesse universelle est improductif. On peut :

1° Donner aux objets matériels une utilité par laquelle leur valeur est augmentée ;

2° Donner de l'utilité aux personnes en augmentant leur capacité productive ;

3° Produire de l'utilité qui est absorbée immédiatement sous forme de jouissance, par exemple la musique.

Quand la production de l'objet s'accompagne des qualités de solidité et de durabilité, elle est préférable à la production d'objets destinés à périr bientôt.

Le travail peut être productif indirectement, par exemple : l'éducation.

Le même travail peut être tantôt productif, tantôt improductif, par exemple :

Retirer de l'eau une personne utile ou inutile.

Le travail peut être un transfert de richesse, sans création de richesse nouvelle.

Un travail improductif exercé dans un pays, peut contribuer à l'enrichissement d'un autre pays.

L'usage excessif du travail, donc la dissipation, est improductif.

L'usage peut être productif et improductif.

L'usage des articles de luxe est improductif.

CHAPITRE IV

DU CAPITAL

Est considérée comme capital la quantité des produits créés ou travaillés qui servent à produire une plus grande richesse.

Pour produire, il faut : le travail, les forces de la nature, et le capital.

Tout ce qui aide au travail productif est capital, par exemple : ateliers, machines, vivres, matières premières.

Ne doit être considéré comme capital que ce qui peut servir à produire.

Plus on applique de capital à la production, mieux cela vaut pour les ouvriers.

Par conséquent : plus on soustrait de capital à ses affaires pour son plaisir personnel et improductif, moins cela vaut pour les ouvriers.

Qu'une chose soit capital ou non, cela

dépend de la destination qui lui est donnée
par le possesseur. L'usage détermine la
productivité ou l'improductivité de l'article.

Les contributions nécessitent pour les
mêmes produits une augmentation de capital.

Est seul indispensable le capital qui sert
à pourvoir les ouvriers du nécessaire.

Les ouvriers vivent du capital. Tandis
que celui qui donne le capital doit trouver
sa rémunération dans le revenu.

Le capitaliste vit du produit de son travail ou de l'allocation de son capital.

La propriété individuelle ou la perte de
capital n'est pas toujours propriété ou perte
pour un pays.

Le capital peut être productif tout en
appartenant à un possesseur improductif,
si celui-ci le prête à un homme productif.

Il y a destruction de capital si la dissipation s'en effectue de telle façon que sa productivité soit supprimée.

Les détenteurs d'obligations à charge de
l'Etat conservent leur droit sur les posses-

sions et revenus de cet Etat, même s'il appert que le capital a été dépensé dans des buts improductifs.

Si l'Etat emprunte de l'argent et le dissipe d'une façon improductive, le capital national diminue.

CHAPITRE V

Moins il y a de capital, moins il y a d'industrie. Le capital n'a de capacité productive que quand il collabore avec le travail et la nature.

La population est entretenue par les produits du travail antérieur.

La protection artificielle d'un article soustrait le capital qui y est dépensé à d'autres articles, tandis que l'Etat ou les citoyens payent ensemble cette protection, donc la protection est un déplacement de capital aux dépens de la population. L'accroissement du capital augmente à mesure que les salaires diminuent.

Toute amélioration dans l'industrie donne lieu à une production plus grande.

Par une production plus grande, — à consommation égale — l'épargne et le capital
augmentent.

Plus il y a d'épargne, plus il se crée de
capital ; plus le capital augmente, plus s'accroît le nombre de ceux qui le consomment.
Donc, l'épargne du capital est au profit de
tout le monde.

Tout capital est le résultat de l'épargne.

Le résultat de l'épargne est au profit de
ceux qui deviennent propriétaires de ce
qui a été économisé.

Par l'épargne comme par la dissipation, il
se fait un anéantissement de capital, c'est-
à-dire, que dans le premier cas cet anéantissement sert à la production d'un nouveau
capital, tandis que dans le deuxième cas
tout est perdu en pure perte.

Un peuple s'enrichit par l'épargne et s'ap-
pauvrit par la dissipation.

Le capital se détruit très facilement, mais
en renaissant sous la forme d'un nouveau
capital.

On conserve le capital par la reproduction.

Une petite partie seulement du capital immeuble est destinée à une existence prolongée, tant l'usage et le temps l'anéantiront à la longue.

Les grands désastres, qui dévorent beaucoup de capital, fournissent la preuve de la vertu latente de capitalisation au moyen de l'épargne.

La dépense d'un capital est plus au profit des ouvriers s'il est dépensé pour les salaires que s'il est dépensé pour les marchandises.

La consommation des articles de luxe est nuisible aux ouvriers.

La demande de produits détermine la direction du travail.

Le travail est rémunéré par le capital du producteur.

Le producteur est rénuméré par la vertu productive de son capital.

C'est au moyen de l'échange que le capital est mis dans sa forme nécessaire.

Le capital enlevé au riche par l'impôt sur le revenu, ne pèse guère sur le pauvre.

Un impôt peut être profitable aux ouvriers, par exemple l'impôt sur les articles de luxe.

CHAPITRE VI.

Est considéré comme capital mobilier le capital qui est a rempli sa fonction et a passé dans d'autres mains ou qui est utilisé pour un autre emploi..

Est considéré comme capital immobilier le capital qui étend son activité sur une durée de temps plus ou moins longue.

Tout capital dépensé pour l'amélioration des biens immeubles devient par cela même capital immobilier et peut élever la valeur de ces biens.

L'augmentation de rapport du sol est obtenue par l'application d'une plus grande quantité de capital, c'est-à-dire par l'augmentation des forces de la nature. La perte de capital immobilier doit être répartie sur toute sa durée,

4*

L'augmentation du capital immobilier est momentanément nuisible aux ouvriers.

Transformer du capital immobilier en capital mobilier peut être avantageux pour le capitaliste, désavantageux pour les ouvriers.

Les machines, considérées comme capital immobilier, n'exercent une influence avantageuse sur les ouvriers que quand, par une production plus forte, il est économisé davantage et qu'il se produit par conséquent plus de capital immobilier.

Les machines exercent une influence nuisible aux ouvriers, si le capital nécessaire pour leur installation est enlevé à d'autres entreprises.

Les conditions sociales nécessaires pour une augmentation rapide du capital sont : sécurité de propriété, esprit d'entreprise et esprit d'économie.

Le capital immobilier s'accroît en proportion avec l'accroissement du capital mobilier.

L'accroissement du capital immobilier a

le plus souvent pour résultat une augmentation du capital mobilier.

Les articles invendus ne peuvent être considérés ni comme capital immobilier ni comme capital mobilier.

CHAPITRE VII.

La productivité dépend du sol, du climat,
de la situation, d'une forte ardeur au travail,
de l'intelligence et de la routine.

La productivité de l'agriculture s'augmente à mesure que s'accroît la connaissance de cette science.

La productivité du commerce et de l'industrie s'augmente à mesure de l'augmentation des économies que l'on peut réaliser
sur le temps et les matières premières.

Le degré de productivité s'accroît dans la
même proportion que l'accroissement des
facteurs suivants :

fertilité du sol ;

climat propice ;

bonne situation ;

forte ardeur au travail ;

culture de l'intelligence, expérience ;

connaissance scientifique, économie de
temps ;

économie de matières premières ;

honnêteté, sécurité légale.

____

CHAPITRE VIII.

DU TRAVAIL EN COMMUN.

La productivité du commerce peut être augmentée par le travail en commun.

Le travail en commun est une combinaison entre deux ou plusieurs ouvriers pour faire une chose qui, par un seul, ou ne saurait être faite, ou ne saurait être faite qu'à moins de profit.

La production est augmentée par la répartition.

Le cours des produits indique la direction du travail des cultivateurs.

Les cultivateurs doivent être en communication avec les villes pour que leur travail soit rémunéré.

La répartition du travail cause : économie de temps, perfectionnement, inventions.

La diversité du travail peut augmenter la productivité.

La classification des ouvriers d'après leur disposition naturelle et la capacité augmente la productivité et diminue les frais du travail.

L'emploi d'outils qui, pour une personne, ne sont pas productifs, peut le devenir s'ils sont employés par un groupe de personnes.

CHAPITRE IX.

PRODUCTION SUR UNE GRANDE ET SUR UNE PETITE ÉCHELLE.

Les grandes usines, où la répartition du travail est élevée au plus haut degré, sont les plus avantageuses.

Les dépenses augmentent dans une proportion moins forte que l'agrandisse ment d'une entreprise.

La mise en commun du capital favorise la productivité sur une grande échelle.

La production sur une grande échelle n'est possible que dans un pays à popula- tion dense et prospère, ou par expor- tation.

Dans l'agriculture, la productivité sur une grande échelle, n'est avantageuse que quand il y a économie réalisée sur les constructions et sur les outils.

La force productive de l'agriculture ne peut être que difficilement constatée, s'il n'est pas tenu compte de l'exportation.

Le travail que peut fournir un ouvrier détermine la quantité de sol qui produit le plus d'avantages.

CHAPITRE X.

L'augmentation du travail dépend de l'accroissement de la population.

Plus il y a de nourriture, plus s'accroît la population.

La rareté des naissances augmente la durée moyenne de la vie.

CHAPITRE XI.

L'accroissement du capital dépend de l'importance du fonds et de l'économie.

La tendance à l'économie dépend des qualités individuelles, de la sécurité de l'épargne et des influences naturelles.

Plus est grand le bénéfice que peut donner le capital, plus forte sera l'émulation pour l'accumulation du capital.

La persévérance est une des qualités essentielles par lesquelles se distingue la tendance fortement développée à la thésaurisation.

La prévoyance collabore à l'accroissement du capital.

L'ostentation et la dissipation entravent l'accroissement du capital.

CHAPITRE XII.

La somme de la fertilité de tous les pays
est la limite de la production.

De nouvelles inventions peuvent du reste
reculer cette limité de beaucoup encore.

Tout accroissement de production est
obtenu par un accroissement plus que proportionnel du travail dépensé à la culture
du sol.

La nature du sol et le climat indiquent
dans quelle direction celui-ci doit être
cultivé.

Les sols les plus gras donnent les plus
gros bénéfices par suite de leur production plus grande obtenue par un travail
moindre.

Les produits agricoles augmentent de

valeur à mesure que la richesse et la population augmentent, par conséquent les produits agricoles augmentent en proportion moindre que le travail dépensé pour la culture du sol.

Dans les pays nouvellement cultivés, la population (selon Carey) commence la culture sur les hauteurs, et s'étend ensuite sur les parties de niveau inférieur.

Le développement de la civilisation tend à élever la capacité productive du sol et à diminuer la quantité de travail nécessaire.

Les produits agricoles tendent à devenir de plus en plus chers à cause de l'accroissement de la population.

Toutes les forces de la nature dont la quantité est limitée, non seulement sont soumises à une limite, mais longtemps déjà avant que cette limite soit atteinte elles répondent dans des conditions de plus en plus pénibles à l'accroissement de demande.

Cette loi cependant peut être suspendue ou réfrénée temporairement par tout ce qui augmente le pouvoir universel de l'homme sur la nature, et, en particulier, par toute extension de son savoir et de l'empire qui en découle sur les qualités et capacités des forces de la nature et par le fait de maintenir la population dans de sages proportions.

CHAPITRE XIII.

CONSÉQUENCES DES SUSDITES LOIS.

L'accroissement de la production est souvent accompagné d'une rétrogradation de la position des ouvriers, par la diminution du salaire et des conditions de la production.

L'homme lutte sans discontinuer contre la tendance du sol à moins produire.

Le seul remède est : ne pas laisser s'accroître la population plus vite que les améliorations de l'existence.

Toute amélioration industrielle ou agricole donne lieu à un accroissement de la population.

LIVRE II

CHAPITRE PREMIER

La répartition de la propriété est une institution humaine susceptible de modification.

Une chose ne peut être possédée qu'avec le consentement et la collaboration de l'État et de toute la société.

La société exerce une grande influence sur la richesse, mais non pas sur toutes les conséquences qui en découlent.

La propriété individuelle est une possession garantie par la loi, et qui ne peut être détournée que par une intervention supérieure.

Le travail collectiviste est inférieur au travail dont on recueille soi-même les fruits.

Les relations d'un communiste avec la société sont les mêmes que celles d'un moine avec son ordre. Une répartition équitable du travail entre communistes est impossible, puisque la variation même du travail nuit à la capacité productive.

L'enseignement et les précautions contre l'excès de population mettent un terme au paupérisme et tendent à créer une répartition équitable de la richesse.

L'idée de liberté absolue est incompatible avec le communisme.

Donner à quelques individus le droit de répartir la richesse mènerait au despotisme.

Le travail le plus attrayant est celui qui repose sur la plus grande liberté possible.

L'amélioration est plus opportune que la subversion dans le système de la propriété individuelle.

CHAPITRE II

DE LA PROPRIÉTÉ (*suite*).

Ce qu'un individu a obtenu grâce à son zèle et son travail lui appartient.

Ce que les ouvriers produisent ne leur appartient pas parce qu'ils travaillent avec le capital ou travail cristallisé du patron, qui s'est privé d'un plaisir immédiat, donc qui a fait des épargnes pour pouvoir employer des instruments, des matières premières et la main d'œuvre.

La richesse peut être obtenue par l'industrie, le vol ou le transfert (héritage ou legs).

La légalité de la propriété implique la liberté d'user à sa guise de ce qu'on a produit soi-même.

Le droit de la propriété implique le droit de disposer des produits à son gré, excepté dans le cas où l'on pourrait nuire aux autres, ainsi que le droit de disposer de ce qu'on a reçu comme équivalent en échange de ses produits.

Les richesses obtenues d'une façon illicite doivent être considérées comme licites au bout d'un certain temps de prescription.

La propriété implique un pouvoir absolu sur ses moyens.

Le droit d'héritage peut être défendu pour les raisons suivantes :

1° Que, à un certain degré, le propriétaire doit pouvoir disposer à son gré de ce qu'il a capitalisé, par privations ou par économie.

2° Procréer des enfants implique le devoir de prendre soin d'eux.

La liberté de léguer doit être restreinte pour les cas où elle pourrait être nuisible à la société.

La propriété foncière est justifiée si le propriétaire améliore le sol.

Si la propriété foncière individuelle n'est pas utile, elle n'est pas juste non plus, car le sol n'a pas été créé par la main de l'homme.

Le propriétaire foncier a droit à des dommages-intérêts si l'Etat se voit forcé de le déposséder.

La propriété foncière est nuisible à l'Etat si le propriétaire néglige le sol.

La possession d'êtres humains, l'esclavage, est immorale et doit être abolie.

Les monopoles sont incompatibles avec un état social libéral.

Les faveurs particulières doivent n'avoir qu'une durée limitée.

CHAPITRE III

DE LA CONCURRENCE ET DE L'USAGE

La répartition des produits a lieu selon la concurrence et l'usage.

1° La part que chacune des classes productives obtient dépend en grande partie des prix qui peuvent être demandés; 2° de la concurrence, et 3° en quelques cas, de l'usage.

La concurrence augmente en proportion de l'accroissement des villes.

CHAPITRE IV

Si la quantité d'esclaves est suffisante, le système le plus avantageux c'est de les surmener jusqu'à la mort (bien que ce système soit très immoral).

Le sort des esclaves est d'autant meilleur que leur nombre est plus restreint.

Si le nombre des esclaves est restreint, le système le plus avantageux c'est de les traiter avec soin et de veiller à leur reproduction.

Le travail des esclaves est toujours inférieur au travail libre, excepté dans les pays chauds où les conditions d'existence incitent à la paresse.

Le travail libre développe l'ouvrier, le fait aspirer à plus de connaissances et rend plus parfait le travail qu'il produit.

La productivité dépend du degré de liberté de l'individu esclave-serf.

Cultivateur, sans capital ni terre.

«   avec terre.

«   «   «   et capital.

Avec l'accroissement de la population l'esclavage disparaît, comme n'étant plus productif.

CHAPITRE V.

La petite propriété foncière donne au propriétaire un rapport intégral.

La petite propriété foncière peut être cause d'une prospérité générale.

La petite propriété foncière est le stimulant le plus énergique pour donner au sol la plus grande productivité, par exemple : la Suisse.

La petite propriété foncière favorise la coopération pour donner au sol une productivité plus grande, par exemple : le système d'irrigation en Norvège.

La petite propriété foncière augmente la prospérité générale ; par conséquent, elle est utile à l'industrie en ce qu'elle augmente la consommation.

Le travail qui peut être fourni par une

famille habitant un morceau de terre doit être la base de la petite propriété foncière.

Dans le système de la petite propriété foncière les propriétaires courent la chance d'une bonne récolte, mais aussi le risque d'une mauvaise ; bien qu'en général la prospérité doive s'augmenter, il peut se produire parfois une rétrogradation temporaire.

CHAPITRE VI.

DES PETITS PROPRIÉTAIRES FONCIERS (*suite*)

La petite propriété foncière favorise le développement de l'intelligence et le progrès de la civilisation.

La plupart du temps aussi la petite propriété foncière réfrène l'accroissement trop rapide de la population.

La petite propriété foncière favorise le sentiment de l'économie chez ceux qui désirent acheter un petit morceau de terre avec le produit de leur épargne.

CHAPITRE VII.

LES MÉTAYERS OU LA RÉPARTITION ENTRE LES CULTI-VATEURS ET LES PROPRIÉTAIRES.

Le cultivateur-propriétaire peut louer le sol qu'il possède et le cultiver lui-même en qualité de journalier.

Le cultivateur peut être propriétaire et obtenir le capital par hypothèque.

La répartition du produit est déterminée par l'usage et la concurrence.

Le système des fermiers possède, à un moindre degré, toutes les qualités de la petite propriété foncière ; ce moindre degré est en rapport direct avec le moindre degré d'intérêt que le loueur y prend.

CHAPITRE VIII.

LES PETITS FERMIERS SUR LE TERRAIN DE LA CONCURRENCE.

Le travailleur peut payer une redevance sur le terrain de la concurrence.

La concurrence s'accroît à mesure de l'accroissement de la population.

La limite extrême est posée par les conditions de vie calculées au strict nécessaire.

Par ce système l'excès de l'accroissement de la population est encouragé ; il fait naître par conséquent la pauvreté, la famine et la maladie.

Il résulte de cela que ce système est blâmable.

CHAPITRE IX.

DES MOYENS POUR ARRIVER A L'ABOLITION DU SYSTÈME DE REDEVANCE MISE A L'ENCHÈRE.

Les propriétaires fonciers n'ont droit qu'à la rente foncière ou redevance.

Il importe que le cultivateur soit propriétaire du sol qu'il cultive.

La mise à l'enchère de la redevance doit être abolie. L'expropriation de tout le sol est le seul moyen de mettre fin à la misère règnant parmi les cultivateurs.

CHAPITRE X.

Les salaires sont déterminés par la concurrence et l'usage.

Plus la population est dense, plus les salaires s'abaissent par suite de l'augmentation de l'offre.

Plus il y aura de capital, plus grande sera la demande d'ouvriers, par conséquent plus grands seront les salaires. Une grande animation dans le commerce, des prix élevés des articles et une cherté des vivres ne peuvent faire monter les prix que temporairement. La cherté des vivres tend à abaisser les salaires. Le salaire minimum est déterminé par le degré d'exigence de l'ouvrier se bornant au strict nécessaire.

Si les salaires sont élevés, on cherche à revenir à ce minimum par l'accroissement

de la population, à moins qu'une manière
de vivre plus élevée ne réfrène cet accroissement. Plus les salaires sont élevés, plus
la population peut donner libre carrière à la
tendance naturelle qu'elle a de perpétuer la
race.

L'abolition des droits d'entrée sur les
blés, etc., n'occasionnent qu'une élévation
temporaire des salaires.

Le frein mis à l'accroissement trop rapide
de la population fait monter les salaires.

La pauvreté ne constitue pas un stimulant
à l'amélioration du sort et à l'élévation des
prix.

CHAPITRE XI.

Il a été proposé :

La fixation par la loi d'un salaire minimum. Des arbitres entre les ouvriers et les patrons pour fixer un salaire raisonnable.

La concurrence ne peut faire abaisser les salaires qu'au point où l'infimité des salaires donne lieu à de nouvelles applications du capital et fait naître de nouvelles industries par lesquelles les salaires remontent.

Plus est grand le capital destiné aux salaires, plus les salaires augmenteront.

Une augmentation forcée des salaires empêche une partie des ouvriers de trouver du travail.

Ce sont ceux qu'on appelle les pauvres. La philantropie les empêche de mourir de faim, ou bien ils sont secourus par des moyens forcés appelés impôt des pauvres, donc :

Le paupérisme augmente à mesure que les salaires sont rehaussés d'une façon forcée. Le travail fourni par les pauvres est en général de mauvaise qualité.

Des bonnes œuvres irrationnelles font s'accroître la population et diminuer les salaires ; elles font naître par conséquent plus de paupérisme.

CHAPITRE XII.

La civilisation est une lutte contre les instincts animaux des hommes.

La production s'accroît à mesure que les producteurs sont plus intéressés à la production.

Les salaires diminuent à mesure que la population s'accroît.

Une culture insuffisante de l'esprit, la pauvreté, la crainte d'un sort pire encore, et le désespoir d'une amélioration font naître l'indifférence à l'égard de l'avenir, ils suppriment par conséquent toute initiative et toute confiance en soi-même. L'amélioration de l'éducation et la suppression du paupérisme maintiendront les salaires au-dessus du minimum.

La misère rend l'éducation impossible ;
sans éducation, pas d'empire sur soi-même,
et sans empire sur soi-même pas de salaires
plus élevés.

La colonisation est le meilleur moyen de
mettre fin au paupérisme.

Tant qu'on ne sera pas arrivé à habituer
toute une génération à une vie large, comme
elle est maintenant habituée à une vie de
misère, il ne sera rien fait.

L'usage du Domaine pour la création de
petits propriétaires fonciers, supprime immédiatement la pauvreté.

CHAPITRE XIII

DE LA DIFFÉRENCE DES SALAIRES DANS LES DIFFÉRENTS MÉTIERS

Cette différence dépend :

1° de ce que le métier est agréable ou désagréable ;

2° de ce que l'apprentissage en est agréable ou désagréable, avantageux ou coûteux ;

3° de ce que le travail est régulier ou irrégulier ;

4° de la confiance qu'on doit avoir dans les ouvriers ;

5° des chances de parvenir.

Par le mauvais état de la bourse générale du travail, le travail le plus répugnant et le plus fatiguant est en général le plus mal payé.

La récompense moyenne qui se montre sous la forme de quelques grands prix descend jusqu'à et au-dessus de zéro.

Les périls que comporte un métier encouragent plutôt qu'ils n'effrayent.

Plus le métier est malsain, plus le salaire doit être élevé.

Plus il faut mettre de confiance en une personne, plus sa récompense aura une tendance à s'élever.

Une période d'apprentissage longue et difficile fait naître la présomption que le salaire à obtenir dans l'avenir compensera cette perte.

La vulgarisation de la science fait s'abaisser, en augmentant la concurrence, le salaire de ceux dont la profession est basée sur la science.

Par la vulgarisation de la science parmi les classes ouvrières inférieures, le salaire des mieux payés diminuera, tandis que les classes inférieures n'en profiteront aucunement, à moins que l'accroissement de la population ne soit refréné.

La piété et la philanthropie, par le don de l'enseignement gratuit, font s'abaisser les salaires de ceux vers qui leur charité

est dirigée, par exemple : le clergé, les litté-
rateurs.

Quand l'ambition est le mobile de l'exer-
cice d'un métier ou d'une profession, les
salaires baissent, par exemple : auteurs,
peintres, charges publiques honorifiques.

Le travail mécanique fait à la maison est
le moins rémunéré; exercé comme occupation supplémentaire il a une tendance à
abaisser les salaires dans l'occupation principale.

L'ensemble des salaires du mari, de la
femme et des enfants, occupés dans le même
métier, est généralement plus bas que
quand l'homme travail seul.

Le salaire des femmes doit suffire à
leurs dépenses indispensables.

Le salaire de l'ouvrier doit suffire à
pourvoir à son entretien personnel, à celui
de sa femme et d'un nombre d'enfants qui
suffit à maintenir en équilibre le chiffre de
la population.

Par l'exclusion exercée par certains
ouvriers sur les ouvriers d'autres métiers,

les salaires sont maintenus artificiellement à un degré supérieur, par exemple : souffleurs de bouteilles.

L'usage détermine souvent les salaires dans beaucoup de professions, par exemple, médecins, avocats, savants, etc.

CHAPITRE XIV

Le bénéfice est la récompense des privations, des risques et du zèle.

L'intérêt est l'équivalent pour l'usage du capital, à savoir la somme qu'une personne en état de payer ses dettes voudrait payer pour emprunter le capital en question.

Le capitaliste comme entrepreneur doit aussi, outre l'intérêt, gagner une certaine somme, appelée bénéfice, comme récompense de son contrôle, de son zèle et de sa capacité. Les risques qu'entraîne son entreprise doivent être également récompensés.

Le capital peut appartenir à une personne qui ne se charge pas des risques et des peines : prêteur.

Le capital peut appartenir à un commanditaire, participant aux risques et non aux peines, et qui touche une part du bénéfice net.

Le capital et les risques peuvent se réunir en une personne, tandis qu'une autre avec un salaire fixe peut exécuter la direction. Il arrive aussi que cette personne touche un salaire dépendant du bénéfice, dans ce dernier cas elle est, de fait, commanditaire.

Une personne, possesseur de capital et chef de l'entreprise, peut emprunter aussi du capital pour augmenter le sien.

Le degré minimum du bénéfice est le seul équivalent de la privation, des risques et du zèle.

Le minimum des bénéfices est sujet à des variations.

Le manque de sécurité dans un pays donne droit à un bénéfice plus grand, comme équivalent des dangers auxquels le capital a été exposé.

Il arrive souvent que les occupations les moins en honneur fournissent les plus gros bénéfices.

Les métiers dangereux doivent fournir les plus grands bénéfices, exception faite cependant des dangers contre lesquels on peut s'assurer.

Un grand savoir donne droit à de grands bénéfices.

Si le nombre des personnes qui exercent un seul et même métier est restreint, un syndicat ou monopole peut être créé, ce qui cause une augmentation des bénéfices. Le taux de rente, déduction faite du salaire (qui varie selon les causes qui viennent d'être exposées), a une tendance à s'égaliser.

On peut distinguer deux catégories de personnes : ceux qui prêtent, et ceux qui empruntent le capital.

Les personnes intermédiaires, entre le prêteur et l'emprunteur fixent la rente du capital selon les circonstances, la demande et l'offre.

Bien que le bénéfice brut ait une tendance à s'égaliser, il n'est pourtant presque jamais le même chez deux personnes qui exercent le même métier. Il dépend des circonstances suivantes :

>Savoir ;
>
>Talents ;
>
>Économie ;
>
>Énergie ;
>
>Relations ;
>
>Expérience ;
>
>Esprit pratique ;
>
>Chance, etc.

L'harmonie entre la production et la demande suffit à créer un équilibre entre les bénéfices.

L'obligation de donner au capital une autre destination entraîne le plus souvent de grandes pertes. Par exemple, diminution de la demande d'articles dont la production nécessitait l'emploi d'un grand nombre de machines, d'ateliers, etc.

L'équilibre entre les bénéfices peut être très longtemps retardé par des causes d'inégalité apparaissant l'une après l'autre.

L'espoir de réaliser de grands bénéfices agit à un plus haut degré que l'arithmétique ne le permet, ce par quoi le bénéfice est généralement très bas.

Il peut arriver que les bénéfices soit maintenus à un assez haut degré par l'usage : par exemple, dans le commerce de détail.

Une erreur populaire veut que le bénéfice soit une conséquence du commerce.

La cause de tout bénéfice est le fait que l'ouvrier produit plus qu'il ne lui faut pour son entretien.

L'agriculture donne des bénéfices quand les laboureurs produisent plus de nourriture et de matières premières qu'il ne leur faut pour vivre (déduction faite des dépenses).

La raison du bénéfice obtenu par un capitaliste, c'est que la nourriture, les vêtements, les matières premières, les outils, etc., durent plus de temps qu'il n'en faut pour leur production, par suite de quoi les ouvriers travaillent pendant un certain temps au profit du capitaliste comme entrepreneur.

Les capitalistes et les ouvriers constituent, à peu d'exceptions près, deux classes distinctes.

Le capitaliste avance le salaire et reçoit en échange tout le rapport du travail.

Le bénéfice est le surplus du rapport, remboursement fait des frais avancés.

Les frais avancés ne sont en dernière analyse que des salaires avancés. Si des matières premières, des machines, des outils doivent être achetés, ces frais ne sont que le remboursement des salaires avancés par un autre capitaliste, plus le bénéfice des peines que celui-ci a dû se donner.

La capacité productive du travail peut donner lieu à de grands bénéfices.

Les frais du travail peuvent être fort élevés, quand les salaires diminuent.

Le bénéfice dépend plus des frais de travail que des salaires ; il vaut mieux, par exemple, avoir des ouvriers forts, intelligents et zélés, bien payés, que des ivrognes paresseux et faibles, mal payés.

Aux époques où les vivres des ouvriers

sont bon marché, les salaires peuvent être (à leur point de vue) élevés et les frais de travail bas.

Le contraire a lieu quand le pays est trop peuplé par rapport au sol. Dans ce cas-là les salaires et les bénéfices sont bas, les prix et les frais du travail élevés.

Les frais du travail dépendent :

De la valeur intrinsèque du travail ;

De la récompense réelle du travail ;

Des frais des articles qui constituent cette récompense.

CHAPITRE XV

La rente foncière est la récompense de l'emprunt de terrain.

La rente foncière doit son existence au fait que le nombre de ceux qui désirent emprunter du terrain est considérable, tandis que celui des propriétaires fonciers est petit.

Si une seule personne était propriétaire de toute l'étendue d'un pays, elle pourrait régler la rente foncière à son gré.

Quand il y a plusieurs propriétaires fonciers dans un pays, la rente foncière est déterminée par la concurrence.

Plus le sol est fertile et mieux il est situé, plus tôt ce sol sera mis en culture. Dans une société bien organisée, le sol en question fournira une rente foncière plus élevée que les sols inférieurs.

Quelques terrains sont cultivés à perte, par des circonstances particulières, par exemple, colonies des pauvres.

Le sol le plus mauvais qui peut être cultivé dans un pays est celui qui ne rapporte, outre les semences nécessaires, que juste ce qu'il faut au propriétaire-cultivateur pour subsister.

Il ne peut être payé de rente foncière que si le rapport du sol est supérieur à de qu'il faut au fermier pour subsister.

Si les prix des produits sont élevés, le sol peut fournir une plus grande redevance.

Si le prix des produits est très bas, la destination du sol peut être changée.

La rente foncière ou redevance est appelée souvent la récompense des frais qui ont été dépensés pour le sol.

Toute amélioration du sol est basée sur la supposition que le bénéfice rapporté dépassera le capital dépensé.

De nouvelles routes font s'abaisser la rente foncière des terrains cultivés, parce qu'elles mettent fin, en grande partie, au monopole.

Si les frais de transport dans un pays étaient nuls, les terrains les plus éloignés du marché rapporteraient, à fertilité égale, autant de rente foncière que les terrains les plus rapprochés du marché.

LIVRE III

CHAPITRE PREMIER

DE L'ÉCHANGE DES VALEURS

Les lois qui déterminent la valeur des choses constituent une science positive.

Utilité veut dire dans l'Économie sociale : aptitude à réaliser un désir ou à servir une intention.

La valeur commerciale est souvent inférieure à la valeur utilitaire, par exemple, le renouvellement de l'air frais.

La valeur commerciale d'une chose dépend de la quantité possible de vente.

Le prix c'est la valeur en rapport avec l'argent.

Par une amélioration dans la production, la valeur commerciale d'un article peut être abaissée en opposition aux articles qui ne se trouvent pas en pareille circonstance.

Une augmentation universelle des valeurs n'est pas possible, une augmentation universelle des prix l'est.

Une hausse ou baisse universelle des prix équivaut à une baisse ou hausse de la valeur de l'argent.

Il ne peut être question de valeur et de prix que quand ceux-ci sont déterminés par la concurrence.

CHAPITRE II

DE L'OFFRE ET DE LA DEMANDE DANS LEUR RAPPORT

AVEC LA VALEUR

La valeur commerciale d'une chose est le moyen d'arriver à un but et la réalisation d'un désir. Pour l'obtention de cette chose il faut toujours qu'il y ait effort.

Une chose peut être fort difficile à obtenir et avoir peu d'utilité.

Une chose peut avoir beaucoup d'utilité et être d'une obtention facile.

L'obtention peut être difficile et l'utilité petite.

La difficulté d'obtention réside le plus souvent dans le travail et dans les frais.

Dans l'agriculture cette difficulté s'accroît dans une mesure disproportionnée à l'augmentation de production.

C'est là la raison pour laquelle l'accroissement excessif de la population doit être réfréné et pour laquelle une redevance et une rente foncière doivent être payées.

La demande et l'offre déterminent la valeur, mais une offre à moindre prix peut augmenter la demande.

La valeur n'augmente pas toujours dans la même proportion que la demande, par exemple un léger déficit de vivres fait augmenter la valeur dans une proportion démesurée.

Une valeur fixée par un monopole n'est qu'une déviation de la demande et de l'offre.

CHAPITRE III

Le prix nécessaire se compose des frais de production, plus le bénéfice normal des articles produits par le travail et le capital.

La production se dirige vers les articles dont les bénéfices sont les plus grands.

La valeur a une tendance à se rapprocher des frais de production.

Un article dépend souvent d'un autre en ce qui concerne la valeur.

La demande et l'offre sont d'une moindre influence sur les articles dont la quantité peut être augmentée à volonté.

La demande et l'offre tendent toujours à s'équilibrer, mais la condition de cet équilibre est que les articles aient une valeur naturelle.

CHAPITRE IV

DERNIÈRE ANALYSE DES FRAIS DE PRODUCTION.

La valeur des articles dépend des frais de production, en d'autres termes de la somme des salaires payés pour la production.

Toute amélioration des frais de production fait s'abaisser la valeur de l'article en question.

Une augmentation universelle des salaires ne produirait pas d'augmentation des valeurs.

Si les ouvriers reçoivent une part plus grande du rapport de leur travail, le bénéfice comportera un plus petit pourcentage.

Ce n'est que quand les salaires augmentent ou diminuent dans un ou plusieurs métiers que cela peut influer sur les valeurs différentes de façon à déterminer une hausse ou une baisse des valeurs.

La quantité de travail fourni en échange des salaires est en rapport avec la valeur d'un article.

Les bénéfices produits par la fabrication avec machines sont supérieurs à ceux qui sont produits par le travail manuel.

Si tous les articles étaient frappés dans la même mesure d'un impôt, la valeur n'en serait nullement influencée.

La valeur d'un article est en rapport proportionnel avec sa rareté.

La rente foncière ne peut être considérée comme frais de production que dans le seul cas où le terrain est occupé par une fabrique, de sorte que la rente foncière peut être considérée de droit comme frais de fabrication.

CHAPITRE V

DE LA RENTE FONCIÈRE CONSIDÉRÉE DANS SON RAPPORT
AVEC LA VALEUR.

La valeur d'un article est déterminée par les frais de cette partie de l'offre, dont les frais de production et de transport sont les plus grands, et qui sont encore vendables au dit prix.

La suppression de la rente foncière ne serait qu'au profit du fermier et non pas au profit général. L'exploitation des mines de première qualité donne un avantage si supérieur à celui que pourraient donner les mines de moindre qualité, que celles-ci pourraient rester inexploitées si elles n'étaient conservées en voie d'exploitation par une lenteur artificielle apportée dans l'exploitation des premières.

La rente foncière, fournie par des endroits

occupés par des maisons, sera toujours supérieure à la rente foncière déterminée par les principes ordinaires ; la valeur peut même s'élever dans une mesure extraordinaire par une situation particulièrement favorable.

CHAPITRE VI.

L'argent est un moyen facilitant l'échange.

Les métaux précieux, l'or et l'argent, ont été choisis pour servir de monnaie pour les raisons suivantes qui les rendent spécialement aptes à cet usage :

La stabilité relativement grande de leur valeur.

Leur facilité de conservation.

Le peu de place qu'ils occupent, etc.

L'argent en soi-même n'a pas de valeur. Il a de la valeur seulement parce qu'il est généralement reconnu comme moyen d'échange et sert à une économie de temps et de travail.

CHAPITRE VII.

DE LA VALEUR DE L'ARGENT CONSIDÉRÉE DANS SON
RAPPORT AVEC LA DEMANDE ET L'OFFRE.

La demande et l'offre déterminent la valeur de l'argent, comme celle de tous les autres articles. Plus les prix des divers articles augmenteront, moindre sera la valeur de l'argent.

Si l'on pouvait doubler la quantité d'argent en circulation, la valeur de tous les articles doublerait et cela ne serait utile à personne.

La valeur des articles est d'autant plus élevée que la circulation de l'argent est plus rapide, car une circulation rapide de l'argent équivaut à une grande quantité de cette matière, et les prix augmentent en proportion de cette quantité.

Il existe cependant tant de circonstances

d'une influence contraire que cette règle ne peut être acceptée qu'avec une grande réserve.

Une augmentation de la matière monétaire, correspondant dans sa durée et son commencement avec une augmentation temporaire du commerce, maintient les prix à la même hauteur et, par conséquent, empêche une baisse générale.

CHAPITRE VIII.

DE LA VALEUR DE L'ARGENT CONSIDÉRÉE DANS SON RAPPORT AVEC LES FRAIS DE PRODUCTION.

Le gouvernement ne saurait se servir de la monétisation des métaux précieux comme source de revenu. Si la valeur de l'argent monnayé est inférieure à celle de l'argent en lingots, le public refond les disques monnayés en lingots ; dans le cas contraire le public ferait frapper trop de pièces et la valeur de l'argent diminuerait.

Les frais de production des métaux précieux sont déterminés par les mêmes lois que ceux des produits agricoles, savoir :

Une production augmentée avec des frais plus considérables.

La valeur de l'argent, exprimée dans celle des autres produits, se règle sur sa quantité et est en rapport avec la rapidité de sa circulation.

CHAPITRE IX.

DU DOUBLE ÉTALON ET LA MONNAIE DIVISIONNAIRE.

Dans le système du double étalon, le métal dont la valeur est supérieure à celle qui lui a été attribuée par la loi tendra à disparaître ; et les débiteurs se serviront toujours, pour payer, du métal déprécié.

En Angleterre, on regarde comme le meilleur système celui de l'étalon d'or et de la monnaie divisionnaire en argent.

La monnaie divisionnaire en argent ayant une valeur intrinsèque inférieure à la valeur monétaire, avec circulation restreinte, a prouvé en Angleterre combien son emploi est pratique.

La valeur monétaire accordée à l'argent ne doit jamais être élevée au point d'induire le public en tentation d'en frapper pour son propre compte.

CHAPITRE X.

Le capital emprunté ne peut être considéré comme augmentation du capital que si le prêteur est considéré comme susceptible d'en user autrement d'une façon improductive ; si, dans ce cas-là, il prête son capital à un individu qui s'en sert productivement, le capital doit être considéré comme productif et crée par conséquent un accroissement du capital.

Le crédit est un transfert de capital d'une main dans une autre. Il favorise l'augmentation du capital parce que l'emprunteur en fait en général un usage productif.

Les banques d'escompte réunissent un grand nombre de petits capitaux et rendent ceux-ci productifs, parce que, sans leur secours, les tenanciers seraient forcés de tenir en réserve une grande quantité de capital en vue de dépenses imprévues et éventuelles.

Les ouvriers productifs accordant du crédit aux individus improductifs nuisent par cela à la classe ouvrière, en diminuant le capital.

Le crédit n'est pas en soi-même une force productive ; mais, comme il possède une force répondante, il exerce une influence sur les prix.

Les différentes formes sous lesquelles le crédit se présente, comme remplaçant l'argent sont :

1° Compte courant.

2° Promesses.

3° Lettres de change.

4°   Id.   d'accommodation.

5° Billets de caisse.

5° Clearinghouse.

7° Billets de banque.

8° Effets.

Les conditions dans lesquelles le crédit peut être accordé sont :

Crédit illimité.

Garantie personnelle ou matérielle.

Les derniers sont : les hypothèques, prêts.

CHAPITRE XI.

DE L'INFLUENCE DU CRÉDIT SUR LES PRIX.

Le crédit n'a d'influence que sur les prix immédiats, sans exercer beaucoup d'action sur les rapports entre les produits et les métaux précieux.

Le crédit, quelle que soit la forme sous laquelle il est accordé, agit sur les prix en tant seulement qu'il est employé comme force répondante.

La force répondante se compose de la totalité de l'argent qu'un individu possède, plus le crédit qu'il peut obtenir.

Si toutes les acquisitions se faisaient avec de l'argent, il pourrait arriver une augmentation extraordinaire du prix d'un article, accompagnée d'une baisse proportionnelle du prix de tous les autres articles : grâce au crédit, cela n'arrive pas, parce que le crédit est illimité et que, par conséquent, même avec un esprit considérable de spéculation, le prix de tous les articles peut s'augmenter proportionnellement.

Si la confiance se trouve ébranlée et que les crédits soient ainsi réduits, et si plusieurs personnes ne peuvent répondre à leurs obligations, le résultat est ce qu'on appelle une crise commerciale.

C'est le crédit en compte courant qui a la plus forte tendance à augmenter les prix.

C'est le crédit le plus facilement transférable qui aura toujours la plus grande influence sur les prix. On peut, par exemple, vendre des lettres de change et faire après de nouvelles affaires. En cas de crédit en compte courant ce transfert n'est pas possible, ce qui diminue la force répondante et, par suite, produit une baisse des prix.

Les billets de banque constituent un crédit très actif.

Plus un commerçant peut obtenir de crédit, plus on sera incliné à lui en donner,

bien que, logiquement, le contraire dut
avoir lieu.

La force répondante de l'argent est déterminée par sa quantité, plus la rapidité de
circulation.

Il en est de même du crédit : plus il peut
être, et est transféré, plus grande sera sa
force répondante.

L'usage fréquent de papier commercial
susceptible de transfert ne commence ordi-
nairement que lorsque les difficultés d'une
prochaine crise commerciale commencent
à se manifester.

Le crédit en compte courant est assez
puissant pour permettre de faire de grands
achats en vue d'une spéculation.

Une restriction artificielle dans l'émission
des billets de banque n'empêche pas, de
déterminer une hausse des prix, parce que
(selon Fullarton) cette restriction est neutra-
lisée facilement.

Les billets de banque ne constituent pas de
l'argent mais seulement des titres au porteur.

CHAPITRE XII.

La valeur assignée à un papier est basée sur la conviction que tout le monde y attribuera la même valeur.

La loi réglant la quantité d'argent monnayé est aussi applicable à la quantité du papier-monnaie en circulation.

Plus il est mis en circulation de papier-monnaie, plus l'or aura une tendance à quitter le pays, ou sera refondu.

L'émission de papier-monnaie non réalisable est cause que le papier-monnaie réalisable est présenté à la banque.

Tout changement apporté dans la valeur de l'argent en circulation est funeste.

Il ne doit pas y avoir de monnaie dont la valeur ne puisse être mise en rapport avec celle des métaux précieux.

Si la loi réglait l'émission du papier non-réalisable par une émission ou un retrait selon le prix des métaux précieux en lingots, cette émission de papier, non-réalisable même, n'aurait aucun inconvénient, mais serait, comme avantage, comparable à l'émission de papier réalisable.

Le remplacement de la monnaie par du papier-monnaie est un bénéfice national, mais toute augmentation de papier-monnaie dépassant ces limites n'est qu'un vol dissimulé.

CHAPITRE XIII

DE L'EXCÈS DE L'OFFRE.

Comme les moyens de payement sont des articles, une surproduction n'est pas possible.

L'argent aussi est un article.

Une surproduction de quelques articles est possible, s'il est produit de ces articles une quantité plus grande qu'il n'en est désiré, en d'autres termes, la surproduction est une production dans une fausse direction.

En temps de crise, le rapport entre l'argent et les articles est rompu.

CHAPITRE XIV

DE L'ÉCHELLE DE LA VALEUR.

Il n'existe pas d'étalon exact de la valeur.

Les meilleurs étalons sont les métaux précieux, étant les moins sujets à des fluctuations.

Prendre comme unité de valeur ce qu'il faut de nourriture à un homme en un jour est très insuffisant; les Esquimaux mangeant énormément, les habitants des pays méridionaux ne mangeant que fort peu.

CHAPITRE XV.

DE QUELQUES CAS PARTICULIERS DE LA VALEUR.

Il y a des articles qui, après avoir subi des procédés de fabrication, fournissent deux ou plusieurs articles ; dans ce cas ce n'est plus l'offre et la demande du produit principal seul qui en détermine la valeur, mais la moyenne de l'offre et de la demande de tous les articles, car un article peut être fort désiré et un autre beaucoup moins. Par exemple, la houille, le gaz, et les produits supplémentaires.

Il en est de même des produits agricoles, qui ne peuvent être cultivés d'une façon continue, mais qui doivent être alternés avec d'autres produits réalisant un bénéfice moindre.

CHAPITRE XVI.

Les raisons pour lesquelles les produits sont importés sont :

La nature de l'air, du sol et du climat, la température et l'eau.

Goût, arts, expérience.

Plus grand capital.

Main d'œuvre moins coûteuse, usage.

Spécialités.

Si le capital et le travail pouvaient se transporter là où le sol et les autres conditions sont les plus avantageuses, les bénéfices auraient une tendance à devenir égaux sur toute la terre.

Plus un pays est éloigné et moins il est développé, plus il faut de bénéfice pour y attirer le capital ou le crédit.

Tout pays cherche à produire ces articles qui donnent les plus gros bénéfices et à importer le reste, même s'il pouvait produire quelques-uns de ces articles à plus bas prix.

Le commerce ou échange international est déterminé par les frais relatifs de production (Ricardo).

En considérant les articles en tant qu'un certain nombre de journées de travail employées pour leur production, on pourrait exprimer ainsi le principe du commerce international.

Chaque pays cherche, au moyen de l'échange, à recevoir plus de journées de travail qu'il n'en donne ; ce qui est possible par la différence de productivité dans divers pays.

Par exemple, oranges en Portugal; moins de journées de travail qu'en Angleterre, à cause du climat, etc. — Produits manufacturés en Angleterre, moins de journées de travail qu'en Portugal à cause de la houille, du capital, du fer et de la culture plus avancée. Le plus sensé pour chaque pays, c'est de s'appliquer à produire pour le commerce international ces articles pour lesquels les conditions de production sont les plus favorables.

L'avantage d'un pays a pour base l'importation. A la longue il ne peut pas être
importé plus qu'il n'est exporté, de sorte
qu'une importation considérable est toujours la preuve d'une considérable exportation.

Les avantages du commerce international
sont :

Extension du commerce et par là, amélioration de la production et répartition
plus développée du travail.

Impossibilité de famine.

Connaissance de plaisirs nouveaux et
satisfaction procurée par ceux-ci.

Amélioration des relations entre les
différents pays.

Comparaison des mœurs et coutumes, ce
qui cause un développement plus grand et
une moralité plus élevée.

Economie du travail.

Emploi du capital d'autres pays.

Civilisation plus avancée. Développement
du goût artistique.

Production plus avantageuse.

CHAPITRE XVII.

DES VALEURS INTERNATIONALES

La valeur d'un article est en rapport avec les frais de sa production.

La valeur d'un article, à n'importe quel endroit, dépend des frais d'achat à cet endroit. Quand il s'agit d'un article importé, la valeur dépend des frais de production des articles qui sont exportés pour payer l'article imposé en question.

La valeur des produits étrangers subit la loi de l'offre et de la demande.

Plus est grande la demande à l'étranger des produits d'un pays, plus seront avantageuses les conditions dans lesquelles ce pays peut importer des produits étrangers, plus grande sera, par conséquent, sa richesse.

Il est impossible de fixer à l'avance à quel

pays incomberont les frais de transport d'un article.

Les frais de transport sont les plus considérables pour les articles qui, tout en ayant peu de valeur, occupent beaucoup de place, ou sont très lourds : c'est pourquoi ces articles sont le plus souvent produits dans les pays mêmes, dans la mesure du nécessaire.

Plus est restreinte, dans un pays, la demande d'articles étrangers, et plus est grande, à l'étranger, la demande d'articles produits par le pays en question, moins de travail et de capital il aura à donner en échange.

Les produits d'un pays sont échangés contre ceux des autres pays à une telle valeur que le montant total de l'exportation soit couvert par le montant total de l'importation.

La valeur de la totalité de l'exportation équivaut toujours à la valeur de la totalité des articles importés.

La découverte d'une nouvelle branche

d'exportation est avantageuse pour le pays même, mais désavantageuse pour l'étranger.

Une amélioration apportée dans la production d'un article peut être avantageuse :
seulement pour le pays même;

Seulement pour l'étranger;

Pour les deux pays, ce qui est en général le cas.

Le bénéfice produit par l'échange entre deux pays peut être au profit de l'un ou de l'autre des deux pays, ou bien être partagé entre eux.

La totalité des articles d'exportation produits par deux pays, avec le capital et le travail auxquels l'importation a ôté l'emploi, s'équivaudront.

Le rapport entre les articles qui s'échangent entre différents pays, subit des modifications incessantes.

Le pays dont les produits sont les plus demandés à l'étranger, et qui a le moins besoin d'articles étrangers, se trouve dans la position la plus avantageuse.

Par l'exportation, un pays peut se procurer

les articles dont il a besoin avec plus d'avantage en ce qui concerne la valeur et les frais.

Les pays qui produisent leurs articles avec les moindres frais sont aussi ceux qui se procurent le plus avantageusement leurs articles d'importation.

Tout pays obtient ses articles d'importation avec d'autant plus d'avantage que son travail est plus généralement productif.

Les dépenses faites par un pays pour son importation dépendent de deux éléments instables, savoir : la quantité des articles qu'il doit donner en échange, et la valeur de ces articles. De ces deux éléments, le dernier seul dépend de la productivité de son travail, le premier repose sur la loi des valeurs internationales, c'est-à-dire de l'animation et de la souplesse de la demande à l'étranger, par exemple, d'articles de l'Angleterre, comparés à la demande de ce pays d'articles étrangers.

CHAPITRE XVIII

DE L'ARGENT CONSIDÉRÉ COMME UNE MARCHANDISE IMPORTÉE

L'argent est importé, sous forme de lingots, comme article de commerce, et aussi pour payer dans le dit pays une dette.

L'argent importé en lingots est déterminé par les mêmes lois que tous les autres articles.

Les pays qui produisent les articles les plus désirés à l'étranger et représentant la plus grande valeur sous la moindre forme pourront aussi importer les métaux précieux aux prix les plus avantageux.

Les lois qui déterminent les frais de production déterminent aussi la recherche de l'or et de l'argent.

CHAPITRE XIX.

Les lettres de change remplacent les envois d'argent, tant à l'intérieur qu'à l'extérieur. Elles sont un transfert de la dette.

Le cours des lettres de change est déterminé par la différence entre la totalité des dettes réciproques entre deux pays.

Le cours sera au pair quand les dettes réciproques des deux pays se contrebalanceront.

Le cours sera plus élevé dans le pays qui a le plus de dettes, et qui, par conséquent, exporte plus qu'il n'importe.

Le cours sera moindre quand l'inverse se produira, par conséquent, la quantité de l'exportation est en rapport inverse avec le cours.

Quand une lettre de change est au pair la situation est la même dans les deux pays.

Le cours d'une lettre de change ne peut jamais dépasser les frais que comporterait un envoi d'argent. Les fluctuations d'un cours dépendent de l'état du bilan total et de la demande et de l'offre, lequel état est sujet à des changements incessants.

Un cours désavantageux dans un pays encourage l'exportation et fait diminuer l'importation.

Les cours d'un pays sont tous ensemble sujets aux hausses et baisses. Seul l'arbitrage du cours y fait une exception peu sensible.

CHAPITRE XX.

DE LA RÉPARTITION DES MÉTAUX PRÉCIEUX DANS LE MONDE COMMERCIAL.

L'argent remplit les mêmes fonctions que tout autre article, en ce qui concerne le commerce international ; si, par conséquent, l'importation dans un pays dépasse l'exportation, cette différence doit être compensée en argent.

Par l'exportation de l'argent les prix des marchandises dans un pays baissent, ce qui cause une augmentation de demande qui rétablit l'équilibre.

Toute amélioration que subit un article fait diminuer le prix de cet article dans le pays même ainsi que le prix des articles correspondants importés.

Une amélioration industrielle qui fait diminuer le prix d'un article est au profit de l'étranger ; cependant l'augmentation de la demande qui en résulte est au profit du pays producteur.

CHAPITRE |XXI.

L'or et l'argent sont, tout comme les
autres articles, sujets à des changements de
valeur, bien qu'à un moindre degré.

L'argent se dirige toujours du côté où il
est nécessaire.

Une mise en circulation imprévue d'une
grande quantité d'or, ou l'émission d'une
forte somme en billets de banque ont les
mêmes effets : par exemple, hausse des
prix, diminution de l'exportation, cours
désavantageux jusqu'au moment où il est
rétabli par une augmentation de l'exportation.

Les billets de banque jouent le même rôle
que les métaux précieux.

La production des métaux précieux sert à

compenser l'usure et à la fabrication d'articles de luxe.

Une réserve d'or en lingots pour les circonstances imprévues est nécessaire, par exemple, quand il doit être importé beaucoup de blé par suite d'une récolte mauvaise.

Il doit rester en circulation toujours assez d'argent pour que les banquiers puissent alimenter leurs caisses de réserve.

L'importation et l'exportation sont déterminées par la quantité de métaux précieux et non par la quantité de billets de banque.

Une émission démesurée de billets de banque aurait pour effet une hausse des prix, sans faire augmenter l'importation.

Le cours au pair peut être modifié si la diminution de la valeur de l'argent en circulation est l'effet d'une émission exagérée de billets de banque. Les effets d'un système de crédit exagéré sont absolument les mêmes.

Les prix montent, l'importation augmente,

l'exportation s'arrête. Par conséquent le bilan est désavantageux, ce qui rend les cours également désavantageux.

L'écoulement de l'or fait diminuer les prix des articles dans le pays et tend à rétablir l'équilibre.

———————

CHAPITRE XXII,

L'intérêt est cette partie du bénéfice qui reste, déduction faite de la récompense des risques et des peines, comme récompense du capital emprunté.

L'intérêt est déterminé par la loi de l'offre et de la demande du capital et cela de telle sorte que l'équilibre se rétablit beaucoup plus vite que par n'importe quelle autre influence.

Le taux de rente est sujet aux fluctuations les plus brusques.

Les circonstances suivantes déterminent le taux de rente :

1° Accumulation du capital.

2° État de l'industrie.

3° Indépendance des capitalistes.

4° Indolence.

Moins le taux de la rente est élevé, plus est grand le nombre de ceux qui empruntent pour augmenter leurs affaires.

A un taux de rente très bas les capitalistes se donneront souvent la peine et assumeront eux-mêmes les risques, en se chargeant eux-mêmes d'entreprises industrielles.

Les banquiers sont des commerçants en crédit avec un capital individuel relativement petit ; la différence entre les rentes qu'ils donnent et qu'ils reçoivent constitue la rémunération de leur capital réel tout autant que de leur crédit.

Les spéculateurs prudents tempèrent les fluctuations des prix, mais ne créent pas de richesse nouvelle.

Ainsi les banquiers tempèrent les fluctuations du taux de rente.

Quand un esprit général de spéculation commence à se manifester, le taux de rente est le plus souvent peu élevé, tandis qu'à la fin, donc aux approches d'une crise, le taux de rente se relève.

La découverte de terrains aurifères fait diminuer le taux de rente, l'amélioration des communications avec les pays éloignés causant un empressement plus grand d'y envoyer du capital, le fait augmenter.

Des demandes brusques de capital augmentent le taux de rente, par exemple, de grands emprunts avant ou après les guerres; la création de grandes entreprises, comme chemins de fer, compagnies maritimes, etc. Le premier exemple surtout, comme équivalent à une destruction de capital; la création de chemins de fer à moindre degré les bénéfices ne se réalisant qu'après un certain laps de temps; et à un degré moindre encore l'organisation de nouveaux services maritimes, parce que ceux-ci produisent en très peu de temps une augmentation de capital.

Quand un emprunt sert à payer une ancienne dette, ce n'est pas le capital, mais le médium circulant qui entre en considération; alors il s'établit un rapport entre les emprunts et l'argent.

Une diminution de la valeur de l'argent n'exerce pas d'influence sur le taux de rente, mais bien sur la force répondante de la rente considérée comme argent.

De l'or importé ne peut trouver de placement que par une diminution du taux de rente.

Le prix des fonds de l'Etat, des actions en société, du sol, des mines et des sources immeubles de revenu, est d'autant plus élevé que le taux de rente est plus bas.

———

CHAPITRE XXIII.

L'émission de papier-monnaie réalisable ne peut jamais causer une augmentation des prix, mais cette augmentation a toujours précédé l'augmentation de l'émission.

Le règlement de l'émission est infaisable car, s'il est émis plus qu'il n'en faut, ce surplus est tout de suite échangé. La restriction artificielle entraîne des suites déplorables.

La crainte d'une mauvaise récolte peut exciter l'esprit de spéculation à un tel degré qu'il se produit une demande énorme de crédit et de papier-monnaie réalisable.

Une excitation irrationnelle de la part des banquiers peut donner à cet esprit de spéculation de telles proportions que la demande de crédit, en augmentant toujours, finit par créer une tendance à n'en plus accorder, ce dont une crise commerciale est la suite inévitable.

L'émission de papier-monnaie réalisable doit être fixée par la loi, pour les banques diverses. Il est bon qu'une banque soit revêtue de la plus grande puissance.

Une hausse du taux de rente arrête l'écoulement de l'or, parce qu'elle fait diminuer les prix des fonds, ce qui fait naître chez les créanciers étrangers une tendance à placer avantageusement l'or qu'on leur doit, au lieu de le leur faire envoyer.

Plus les banquiers feront preuve d'intelligence dans la restriction de leur crédit, en temps de crise, moindres seront les désastres qu'entraînent ces crises.

Un retrait exagéré des billets de banque, par suite duquel les prix s'abaissent démesurément, est néfaste parce qu'il cause la chute de trop de maisons.

Le soutien des maisons honorables, en temps de crise, par l'émission de billets de banque a, le plus souvent, exercé une influence salutaire.

Une élévation des prix peut causer l'écoulement de l'or.

Indépendamment de cette cause, l'or peut s'écouler à l'étranger pour les quatre raisons suivantes :

1° Des dépenses très considérables faites par un pays, par exemple, lors d'une grande guerre ;

2° Écoulement de capital pour placement à l'étranger, par exemple, les emprunts, etc., qui ont causé les crises de 1825 et de 1839 ;

3° Mauvaises récoltes, faites à l'étranger, de matières premières nécessaires aux fabriques, par exemple, récolte de coton en 1847 ;

4° Mauvaises récoltes qui nécessitent de grandes importations de vivres, par exemple, 1840 et 1846.

Moins la civilisation d'un pays est avancée, plus il aimera à entasser ses richesses sous forme d'or.

Dans les pays civilisés, les banques ont

en grande partie fait remplacer le métal en
circulation p   le crédit ou les billets de
banque.

L'émission de billets de banque doit être
permise à une seule banque, mais la nation
doit recevoir, en échange de ce monopole,
un avantage équivalent.

CHAPITRE XXIV.

La rivalité commerciale entre diverses nations est nuisible à l'une et à l'autre.

Pour supplanter un pays sur le marché international, il faut qu'un pays ait un avantage consistant en une comparaison des autres articles.

En second lieu, il faut donner à ce pays l'avantage des produits qu'on échange.

L'infimité des salaires ne permet pas toujours de supplanter les autres pays ; c'est plutôt la productivité des salaires qui entre en ligne de compte : par exemple, en Amérique, où les salaires sont élevés, les bénéfices et les intérêts le sont également.

Le travail fait à la maison est le moins coûteux quand il est exercé à titre d'occupation supplémentaire, et ne demande de

rémunération que pour ne pas rendre désagréable l'emploi des heures de loisir.

Il ne suffit pas que dans un pays les frais
de travail soient bas et les bénéfices élevés
pour supplanter les autres pays ; mais il
peut soutenir plus longtemps la concurrence.

Les pays où le taux des bénéfices est bas
peuvent, aidés par des avantages naturels,
rester longtemps maîtres du commerce.

CHAPITRE XXV.

DE LA RÉPARTITION EN TANT QU'ELLE EST MODIFIÉE PAR L'ÉCHANGE

Le rapport se répartit entre :
> les ouvriers ;
> le capital ;
> les propriétaires fonciers,
ou se compose :
> des salaires ;
> des bénéfices ;
> de la rente foncière.

Les salaires dépendent de la prudence des classes ouvrières.

La rente foncière dépend de la population et des inventions, des bénéfices et des salaires.

Les bénéfices dépendent des salaires et de la rente foncière.

Les salaires consistent en :

Salaires en nature, salaires en argent.

Les salaires en argent sont déterminés par les prix des articles qu'il faut à l'ouvrier pour vivre.

Plus ces articles sont chers, plus la population sera restreinte, par suite de quoi les salaires en argent augmentent.

Plus la population s'accroît, plus on sera forcé d'avoir recours aux terrains inférieurs. Cette tendance est réprimée par de nouvelles inventions agricoles.

Les bénéfices diminuent quand les exigences de la vie augmentent ou quand il faut mettre en culture des terrains inférieurs.

Si les articles que consomme l'ouvrier deviennent moins chers, son salaire réel augmentera, mais les bénéfices n'en diminueront pas.

L'augmentation des salaires en argent est entièrement à la charge du capitaliste.

Une hausse générale des salaires nuit aux bénéfices.

Les bénéfices et les frais de travail sont en rapport inverse.

Les nouvelles inventions constituent une économie des frais de production et créent par conséquent des bénéfices plus grands.

LIVRE IV

CHAPITRE I

Le progrès continu de la connaissance des lois de la nature rend l'homme de plus en plus maître de cette nature et lui apprend à en faire une application de plus en plus parfaite pour faire économie de travail et pour augmenter la production.

La prospérité en progrès augmente, sous toutes ses formes, la sécurité de l'individu et de la propriété.

Ce n'est que quand cette sécurité est vraiment suffisante que la production peut atteindre son maximum et que la prospérité peut augmenter.

La collaboration est ce qui caractérise la civilisation et augmente la production.

Par un progrès de la prospérité la population peut s'accroître, bien qu'un accroissement excessif de la population ne puisse jamais être accompagné d'un relèvement des conditions d'existence des classes inférieures de la société.

CHAPITRE II.

Une diminution universelle des frais de production par suite d'améliorations apportées dans toutes les branches de l'industrie n'occasionnerait pas d'augmentation des valeurs d'échange entre elles.

Si, à une augmentation de production des articles la production de l'or s'accroît dans la même proportion, les prix restent stationnaires.

Les améliorations apportées dans le transport ainsi que l'abolition des entraves artificielles augmentent la richesse universelle en causant une augmentation de production accompagnée d'une diminution du travail. Tout ce qui diminue dans un pays les frais de production de ses articles d'exportation donne à ce pays l'occasion d'obtenir ses articles importés à des prix réellement plus bas.

Les articles produits dans les fabriques ont toujours une tendance à devenir moins chers ; pour les produits agricoles le contraire se produit.

Le progrès de la civilisation empêche les fluctuations des prix, tant à cause de l'amélioration des moyens de communication que par les spéculateurs, qui préviennent la pénurie.

La spéculation artificielle n'est autre chose que l'enrichissement de quelques spéculateurs aux dépens des autres. Ces derniers non seulement perdent, à une baisse des prix, ce que les autres gagnent, mais ils souffrent encore de ce que la consommation et l'importation diminuent, ce qu'ils ne pouvaient ni prévoir, ni empêcher.

L'amélioration des moyens de communication tend à créer un prix uniforme pour chaque article.

Les fluctuations des prix lors d'une crise commerciale sont causées par les spéculations mal fondées, par l'extension trop grande, suivie de la diminution excessive du crédit.

CHAPITRE III.

DE L'INFLUENCE DU DÉVELOPPEMENT DE L'INDUSTRIE
ET DE L'ACCROISSEMENT DE LA POPULATION SUR LA
RENTE FONCIÈRE, LES BÉNÉFICES ET LES SALAIRES.

Le progrès industriel est caractérisé par :
1° Une augmentation du capital.
2° L'accroissement de la population.
3° L'amélioration de la production.

L'accroissement de la population, non accompagnée d'une augmentation du capital ni d'une amélioration de la production, produira une augmentation des bénéfices réalisés par les capitalistes. Il est cependant possible que ces bénéfices soient entièrement au profit des propriétaires fonciers.

L'accroissement du capital, non accompagné d'un accroissement de la population ni d'une amélioration de la production, occasionne une augmentation des salaires et, par conséquent, une diminution des bénéfices. Cependant, cette augmentation des salaires peut produire une augmentation de la demande de nourriture, ce qui est au profit du propriétaire foncier. Dans ce cas-là seul le capitaliste ne profite pas.

Un accroissement de la population et du capital, non accompagné d'une amélioration de la production, est essentiellement au profit des propriétaires fonciers. Une amélioration de la production, non accompagnée d'un accroissement de la population ni du capital, est au profit de la classe ouvrière, si cette amélioration comporte la production des articles qu'elle consomme. Si, au contraire, ce sont les articles de luxe dont la production est améliorée, ce sont les capitalistes qui en profitent, par l'augmentation de leurs jouissances.

Toute amélioration agricole est suivie immédiatement d'un accroissement de la population.

En dernière analyse, les améliorations agricoles sont en partie au profit du propriétaire foncier.

CHAPITRE IV.

DE LA TENDANCE DES BÉNÉFICES A S'APPROCHER D'UN MINIMUM.

Il n'est pas vrai que la concurrence du capital fasse diminuer le bénéfice par suite de l'abaissement des prix.

La production est limitée non seulement par la quantité de capital et de travail, mais aussi par l'étendue du champ de consommation.

L'épargne et les risques sont deux éléments par lesquels les bénéfices sont influencés.

Plus il y a d'épargne, plus le capital s'accumule, et, par conséquent, plus grande sera la tendance à se contenter d'un bénéfice moindre.

Plus sont grands les risques, plus grands sont les bénéfices exigés par le capital.

La sécurité absolue de l'individu et de la propriété fait s'abaisser les bénéfices.

La prévoyance encourage l'esprit d'épargne et fait par conséquent s'abaisser les bénéfices.

La civilisation et la grandeur des bénéfices sont en rapport inverse.

Un état stationnaire rend impossible la réalisation de grands bénéfices.

L'accroissement du capital se ferait très vite si l'avènement de l'état stationnaire n'était constamment reculé par les emprunts, les déplacements du capital à l'étranger, la spéculation, le gaspillage et la découverte de nouvelles sources d'existence.

Par l'accroissement du capital et de la population les bénéfices approchent du minimum quand le pays est isolé.

Une crise détruit beaucoup de capital, ce qui arrête la tendance des bénéfices à approcher du minimum.

Les inventions, surtout celles concernant la production des articles de consommation des ouvriers, fait reculer le minimum des bénéfices.

Si ces inventions sont faites à l'étranger l'effet reste le même.

L'émigration aide à l'élévation des bénéfices.

Le déplacement du capital accumulé a le même but.

CHAPITRE V

Aux époques où dans des pays riches les bénéfices menacent de s'abaisser jusqu'au minimum, l'Etat peut prélever sur ses habitants une grande somme d'argent, sans désavantage, parce que les spéculations hardies n'auront pas lieu par suite de l'abaissement des bénéfices. Par exemple : au bout d'une période de cinq années de grands bénéfices nationaux, l'Etat peut imposer une forte contribution momentanée, par exemple, pour améliorer l'enseignement ou dans l'intérêt national, sans que la richesse nationale en pâtisse.

L'émigration de l'excédent annuel de la population, accompagné d'un écoulement proportionnel du capital, ferait s'élever les salaires et éloignerait les bénéfices du minimum. Par exemple, l'encouragement de la colonisation en Amérique ou aux Indes par le gouvernement ou des institutions particulières.

Les dépenses faites pour de grands travaux, par exemple, pour des machines ou des chemins de fer, détruisent, il est vrai, beaucoup de capital destiné aux salaires, mais ils éloignent les bénéfices du minimum et enrichissent en somme le pays d'entreprises productives.

Le placement du capital pour la culture de terrains plus fertiles ou mieux situés est avantageux au pays si ce placement a pour effet une élévation du taux de rente.

CHAPITRE VI

DE L'ÉTAT STATIONNAIRE.

L'état stationnaire est inévitable à moins que l'accroissement de la population ne soit réfréné.

Tant qu'il y a sur terre des terrains non cultivés, cet état n'est pas nécessaire.

L'état stationnaire serait souhaitable si on n'était plus travaillé du désir de posséder plus qu'il n'est nécessaire, si on était las de lutter, de se cogner, de s'écraser pour arriver.

Le meilleur moyen d'empêcher l'accumulation disproportionnée du capital serait de restreindre l'héritage à un tel point que l'héritier ne recevrait que ce qu'il lui faut pour pouvoir jouir d'une certaine indépendance.

(Les grandes entreprises disparaîtraient alors à la mort du fondateur ?)

Ce n'est que quand, par des institutions judicieuses, l'accroissement de l'humanité sera-déterminé par des principes de prudence et de précaution, que le sort de tous pourra être amélioré et que l'état stationnaire perdra son caractère d'épouvante.

CHAPITRE VII.

DE L'AVENIR PROBABLE DE LA CLASSE OUVRIÈRE.

Aux époques reculées de force brutale et de désordre, l'esprit chevaleresque et la protection des faibles — qui se soumettaient avec un sentiment de reconnaissance — étaient glorifiés. Comme les lois actuelles offrent une protection suffisante, il s'est produit une tendance à plus d'indépendance et de liberté.

L'enseignement, ayant pour but de faire des ouvriers des êtres libres et pensants, est en premier lieu le moyen d'élever cette classe.

Le droit accordé à la femme de prendre une part plus grande à l'activité sociale augmentera la prudence et tendra à améliorer l'état général.

La démarcation nette entre patrons et ouvriers sera à la longue insoutenable.

La tendance générale parmi les ouvriers est de recevoir un maximum de salaire en échange d'un minimum de travail.

Les capitalistes aussi bien que les ouvriers ont intérêt à ce que les entreprises soient basées sur un tel pied que les intérêts des uns aussi bien que ceux des autres soient dirigés dans un même sens.

La petite propriété foncière rend les hommes prudents, en ce qui touche l'augmentation de la famille.

Il est à présumer qu'il se produira dans l'avenir des associations entre les ouvriers et les capitalistes et entre les ouvriers eux-mêmes.

Un certain pourcentage des bénéfices accordé aux ouvriers peut augmenter la productivité des salaires à un tel point que le patron n'en pâtit pas.

Owen propose :

Des associations ouvrières avec des directeurs élus et destitués par les ouvriers eux-mêmes.

Par la coopération, l'état financier des ouvriers peut s'améliorer, par suite de quoi la tempérance, la probité, en un mot la bonne conduite, progressera.

L'accroissement du nombre des magasins et des boutiques n'est en général pas un avantage. Le seul effet est que le même travail est fait par un plus grand nombre de personnes.

Par la coopération un minimum de personnes est employé.

La centralisation du pouvoir est indispensable même avec un système de coopération, dans tous les cas où il est nécessaire d'agir d'une façon décisive et expéditive.

La lutte contre la concurrence est une des plus grandes fautes dont les socialistes se rendent coupables.

LIVRE V.

CHAPITRE I

DE LA TACHE QUI INCOMBE AU GOUVERNEMENT
EN GÉNÉRAL.

Les actes du gouvernement doivent être répartis en actes nécessaires et actes arbitraires.

Les premiers sont essentiellement inhérents à l'idée de gouvernement, quant aux autres, il est douteux pour beaucoup de savoir s'ils font partie de l'activité qui incombe au gouvernement.

La limite de l'activité du gouvernement est assez vague ; cependant tout ce qui se résume par les mots : utilité générale et intérêt public doit être considéré comme attributions rationnelles du gouvernement.

Voici quelques exemples de ces attributions :

Le droit des personnes et de la propriété foncière, toutes les espèces de contrats, le règlement des héritages, de la propriété, la justice, les travaux publics, la monnaie, le règlement du pouvoir public, les contributions, la poste, le télégraphe et les chemins de fer.

CHAPITRE II

Il y a quatre principes essentiels, savoir :

1° L'égalité de l'apport de chacun pour l'entretien du gouvernement.

2° La certitude de ce que chacun a à payer, même s'il y a quelque inégalité.

3° Le choix du moment opportun où le payement peut être effectué le plus facilement par le contribuable.

4° Toute contribution doit être organisée en sorte que :

a) Il se perde peu dans le récolement.

b) Il ne faut pas, en outre, qu'une partie du travail et du capital de l'Etat, soit enlevé à un usage plus productif, et qu'ils soient employés dans des buts moins productifs.

c) Il faut éviter de donner lieu à des tentations de fraude.

Il faut éviter autant que possible de tracasser le contribuable et d'entraver le travail.

L'impôt sur le revenu est en théorie le plus juste, mais en pratique il n'est pas réalisable.

Il faut considérer comme juste qu'un certain minimum ne soit pas frappé comme étant strictement nécessaire pour l'entretien de l'existence.

L'impôt progressif sur les successions est juste et efficace, mais cependant il ne doit jamais être élevé de telle manière qu'il prête à la tentation d'une fraude générale.

On peut considérer l'impôt progressif sur la propriété disponible, par exemple, effets, argent en hypothèque, actions en société, etc., comme diminution de la probité, donc, comme un vol de l'Etat.

Il est impolitique de frapper d'impôt l'épargne, parce que de cette façon la dissipation est encouragée.

Il faut que, avec un système d'impôt sur le revenu, on ne soit pas frappé en raison de ce qu'on possède, mais en raison de ce qu'on peut dépenser.

Il est juste d'ordonner périodiquement une révision pour frapper l'augmentation qu'ont subie les rentes foncières.

La crainte que, par un impôt sur le capital, la richesse nationale diminue à un tel point qu'il en résulterait un danger, n'est nullement fondée, surtout dans un pays riche où l'esprit d'économie est fort développé.

L'État peut même, en temps de grande prospérité, prélever de grands impôts, sans suites nuisibles, puisque sans cela une crise ou une émigration auraient les mêmes résultats, dans lequel cas l'État ne profiterait pas.

CHAPITRE III

Les contributions directes sont celles qui frappent les personnes mêmes qui les payent.

Les contributions indirectes sont exigées des personnes qu'on sait pouvoir se dédommager aux dépens d'autres personnes, par exemple, les accises et la douane.

Les contributions directes frappent le revenu ou les dépenses.

La plupart des impôts sur les dépenses sont indirects; excepté ceux sur le loyer, les portes et fenêtres, les chevaux, les voitures.

Un impôt particulier sur le revenu d'une certaine classe, qui n'est pas compensé par les impôts infligés aux autres classes, serait injuste.

Un impôt sur tous les bénéfices, frappe-
rait, au commencement du moins, seulement les capitalistes.

Si on frappait les bénéfices d'impôts très
lourds, le capital pourrait bien émigrer à
l'étranger.

Les conséquences d'un impôt sur les
bénéfices sont très précieux.

Dans les pays stationnaires, il est possible
qu'un impôt sur les bénéfices pèse conti-
nuellement sur le capitaliste.

Les impôts sur le salaire des ouvriers ont
pour conséquence ou une rétrogradation
de la position des ouvriers ou une diminution de la population, par conséquent une
élévation des salaires et une diminution
des bénéfices.

En théorie un impôt sur le revenu est le
plus juste qu'on puisse imaginer ; mais dans
la pratique il se produit des inconvénients
qui en rendent l'application absolument
impossible. Ces inconvénients sont :

1º Manque de probité.

2º Désir de paraître plus riche qu'on ne l'est.

3° Impossibilité de contrôle.

Un impôt sur les dépenses a les mêmes défauts, à l'exception cependant de quel-quelques-uns, par exemple, sur les che-vaux, les voitures, les domestiques.

Les impôts sur le loyer frappent en der-nière analyse toujours le loueur.

Les maisons au-dessous d'un certain loyer ne devraient pas être imposées, parce que le fait d'une habitation conforme aux règles de l'hygiène favorise l'état sanitaire,

La taxation d'une maison doit être basée non seulement sur sa valeur locative, mais bien sur le loyer qu'elle rapporte réelle-ment.

CHAPITRE IV

Ils sont répartis en accises, droits d'entrée et de sortie, droits de traversée, tous équivalant à une augmentation des frais de production.

Des droits proportionnés à la valeur ne pèsent pas d'un poids égal, parce que les articles produits par le travail manuel augmenteraient en proportion des articles faits à la machine.

Tout impôt sur un article en augmente le prix, non seulement du montant de l'impôt, mais encore, par suite des frais particuliers qu'occasionne la frappe, d'une somme considérable qui ne revient pas au fisc.

Un impôt sur les vivres, par exemple, sur les blés, peut avoir deux conséquences :

1° La position des ouvriers peut empirer ;

2° L'accroissement de la population est réfréné, par suite de quoi les salaires montent et les bénéfices diminuent, de sorte que le capitaliste perd doublement.

L'impôt sur le blé n'est pas à la charge du propriétaire foncier, mais à celle du consommateur.

Un impôt basé sur la rente foncière pèse entièrement sur cette rente foncière.

Un impôt sur le blé peut être aussi, en fin de compte, à la charge du propriétaire foncier. En tous cas il retarde l'état stationnaire. Seulement, quand celui-ci s'établira, la population et le capital seront moindres, la rente foncière plus basse.

Les droits d'entrée sont une prime à la paresse ; tandis que les consommateurs payent doublement, savoir :

1° Ce qu'ils ont à payer eux-mêmes à l'État ;

2° Ce qu'ils payent à l'État à cause des droits imposés aux articles qu'ils consomment.

La conséquence principale des droits d'entrée c'est qu'une grande activité est déployée en pure perte.

Un impôt sur les produits agricoles, enrichit en fin de compte surtout le propriétaire foncier, tandis que l'État n'en profite guère.

Quand le règlement de l'entrepôt prescrit en outre la méthode d'après laquelle la production de l'article frappé doit avoir lieu, cela entraîne le plus souvent une perte de travail et des frais inutiles, par exemple, une augmentation des frais de production.

Un droit protecteur oblige le consommateur de payer deux impôts fort distincts, dont un seulement, et qui est le plus souvent le moins fort, est au profit de l'État.

A la longue, un article ne peut être importé que s'il coûte moins que les frais de capital et de travail qu'il faudrait dépenser pour le produire dans le pays même.

Chaque droit sur un article est un moyen extrêmement coûteux de procurer des revenus à l'État.

Les droits différentiels ont les mêmes suites, c'est-à-dire de rendre les articles plus chers, sans que l'État en profite dans une mesure proportionnelle.

Chaque droit sur un article en augmente le prix et en diminue la demande.

Les conséquences d'un impôt sur l'exportation sont très précaires.

a) Si la demande de l'article frappé reste la même, c'est l'étranger qui paye l'impôt et doit céder ses articles à plus bas prix.

b) Si la demande d'un article frappé d'un droit diminue à un tel point que la semme totale reste la même, ce n'est plus l'étranger qui paye le droit.

c) Si la demande d'un article frappé d'un droit d'exportation diminue de beaucoup, il en résulte un écoulement de l'or à l'étranger. A l'étranger il se produira alors une augmentation des prix des articles d'exportation qui rétablit l'équilibre.

Il est vrai qu'alors l'étranger paye une partie de l'impôt, mais, par contre, il réalise des prix plus élevés pour ses articles et reçoit, en échange de ses articles, des articles à moindre prix, de sorte qu'en somme c'est la nation qui prélève le droit qui a le plus grand désavantage.

Un droit d'entrée non suivi d'une augmentation de la demande de l'article, sera payé entièrement dans le pays même.

Si la demande de l'article diminue, l'étranger paye aussi une partie du droit.

Nos droits de péage ne pèsent pas sur celui à qui nous achetons, mais, en partie, sur ceux à qui nous revendons.

Un droit d'entrée peut être entièrement au profit du producteur :

a). Quand l'article est entièrement monopolisé.

b). Le droit prélevé sur les vins fins est un profit de vigneron.

c). Les droits prélevés sur les produits des terrains et des mines.

Les droits d'entrée ayant pour but d'encourager l'industrie nationale, sont néfastes.

Les droits d'entrée prélevés sur les articles que le pays même est incapable de produire, ainsi que les droits d'entrée qui ne sont pas assez élevés pour enlever à un article l'avantage qu'il y a à l'importer, sont payés en partie à l'étranger par les consommateurs des articles que le pays en question exporte.

Ce bénéfice cependant peut être complètement neutralisé par les mesures de représailles prises par le pays avec lequel on échange ses produits.

Le seul moyen, pour un pays, de se garantir des pertes provenant des droits prélevés par d'autres pays sur ses articles, c'est de frapper les articles de ce pays de droits équivalents. C'est ce qu'on appelle le principe de la réciprocité.

CHAPITRE V.

Les impôts sur les contrats sont en usage dans beaucoup de pays. Ces impôts consistent le plus souvent en un droit de timbre.

Les impôts sur les ventes publiques frappent en grande partie le vendeur, qui se trouve souvent dans une position critique.

Les impôts sur les fonds d'Etat, les actions de société, les hypothèques, etc., équivalent à un impôt sur la rente. Il peut en résulter que la proportion entre l'intérêt et les bénéfices soit rompue, ce qui peut occasionner une baisse générale des fonds.

Les impôts sur quelques conventions sont néfastes, quand ils entravent la précaution et le développement intellectuel :

par exemple, droit de timbre sur les baux, sur les assurances contre les accidents, impôts sur les journaux.

Les impôts sur la justice doivent être rejetés, parce que c'est précisément celui qui a profité le moins des avantages de la sécurité et de la garantie contre l'injustice qui doit les payer en étant obligé d'avoir recours à la procédure.

Les impôts tels que ceux sur la poste et le télégraphe sont bons pourvu qu'ils ne soient pas plus élevés que ne seraient ceux prélevés par l'industrie particulière.

Il en est de même des routes, qui devraient être libres dès que les frais sont couverts.

Les impôts prélevés par les villes pèsent surtout sur l'ouvrier citadin, parce que ce sont le plus souvent les produits agricoles qui sont frappés.

CHAPITRE VI.

Les impôts directs sont préférables aux impôts indirects, bien que l'opinion publique s'oppose le plus aux premiers.

Voici les impôts directs recommandables :

a). Impôt sur les maisons, pourvu qu'il ne soit pas si élevé qu'un entassement de la population soit à craindre.

b). Impôt sur la rente foncière à un degré pas trop élevé.

c). Impôt sur l'augmentation du revenu des propriétaires fonciers.

d). Impôt sur les legs et héritages.

L'impôt sur les articles de luxe est très recommandable ; il ne nuit à personne.

Aucun impôt ne doit être élevé à un tel

point qu'il crée une tentation trop forte à la fraude.

L'impôt sur quelques articles de consommation peut être recommandable en quelques circonstances.

CHAPITRE VII

Les emprunts faits par l'émission de bons du Trésor constituent un moyen fort recommandable de procurer de l'argent à l'État, surtout quand celui-ci a l'intention de les rembourser en quelques années.

Les emprunts sont le moins nuisibles quand :

1° Le capital est trouvé à l'intérieur.

2° Quand l'argent aurait été dépensé autrement d'une manière improductive.

3° Quand l'accumulation du capital aurait diminué les bénéfices et aurait produit une crise.

Les emprunts sont blâmables quand ils produisent une augmentation du taux de rente.

Le fait de faire face aux nécessités immédiates par l'emploi des ressources actuelles part d'un bon principe ; ce n'est que quand les entreprises sont également utiles aux générations à venir qu'il est juste de leur faire supporter une partie du fardeau.

Les emprunts peuvent être aussi d'une grande utilité sur la bourse du travail.

La liquidation totale d'une dette publique est désirable, mais impossible.

Si l'on faisait payer seulement la propriété, cela serait injuste surtout parce que toute la génération vivante profite de ce que les générations antérieures ont créé.

Il ne serait pas sensé de détruire la fortune des contribuables puisque cela reviendrait à un transfert de dette.

Des acomptes partiels et annuels sont très recommandables, ne fût-ce que pour se défaire d'une partie des impôts désavantageux.

La thèse qu'une dette publique est utile comme occasion de placement sûr de capital n'est pas tout à fait juste : une banque nationale d'escompte et de dépôt pourvoirait mieux encore à ce besoin ; cependant la rente devrait être plus basse que celle donnée par les institutions particulières.

CHAPITRE VIII

DES ATTRIBUTIONS ORDINAIRES DU GOUVERNEMEN.,
CONSIDÉRÉES EN CE QUI CONCERNE LEURS CONSÉ-
QUENCES ÉCONOMIQUES.

Dans un état politique frisant l'anarchie,
sous des institutions libres, un pays peut
arriver plus facilement à la prospérité que
s'il est exposé aux prévarications des employés de l'Etat, par suite desquelles un
pays se perdra fatalement.

L'état stationnaire de la Hollande d'autre-
fois doit être attribué au taux très bas des
bénéfices, conséquence des impôts très
lourds et qui frappaient surtout les vivres.

Tous les impôts trop lourds sur la dépense occasionnent une émigration des
petits capitalistes. Il ne faut pas perdre de
vue qu'alors, non seulement, ils ne font
plus partie du nombre des contribuables,
mais encore qu'ils emportent leur fortune.

La protection de l'individu et de la propriété par une justice bonne et peu onéreuse, est une des premières conditions du développement d'un pays.

La facilité de transfert des terrains améliore l'état des terrains qui sont ou trop grands ou trop petits.

La bonne foi dans les affaires d'argent, des lois pratiques promulguées à cet effet, augmentent la sécurité, par conséquent le développement d'un pays.

CHAPITRE IX

Le règlement de la succession, des contrats d'association et des faillites est de la plus grande importance pour la bonne marche d'une société en progrès.

En Angleterre, la loi vise à la conservations de grandes fortunes, par le règlement de la succession, tandis qu'en France la loi vise au morcellement.

Plus on travaille soi-même à gagner sa fortune, plus cet exemple est encourageant pour les autres, par exemple, l'Amérique fournit les exemples des fortunes gagnées personnellement; en Angleterre, au contraire, les fortunes n'ont pas été gagnées, en général, par les possesseurs.

Le droit d'aînesse est nuisible, et cela surtout si la grande propriété foncière en est la conséquence, parce que, en général, l'administration et la culture des grandes propriétés laisse à désirer.

La certitude d'hériter d'une grande terre induit en outre les jeunes gens en tentation d'employer leur jeunesse à une vie d'oisiveté et de dissipation.

Le meilleur système de propriété foncière, c'est de considérer tout simplement comme article de commerce, exception faite des terrains destinés au luxe et au plaisir.

Les propriétaires devraient bien avoir le pouvoir de disposer de leur propriété par l'expression de leur dernière volonté, mais ne devraient pas avoir le droit de fixer du dit héritier à un autre.

Il est à souhaiter, dans l'intérêt d'une production abondante et économique, que les petits capitaux puissent se réunir facilement ; il faut, pour cela, une loi facile et pratique sur les associations.

Une loi anglaise de 1855 reconnaît la responsabilité limitée de chaque actionnaire ; cependant pas d'action commanditaire.

Les Compagnies à responsabilité limitée sont justes, vu que le légiste n'est pas tenu de protéger les « tiers » plus que cela n'est le cas chez ces Compagnies.

Une société anonyme ne doit jamais emprunter de l'argent à moins que le public en soit informé; c'est pourquoi la garantie est plus grande que chez un marchand particulier.

La publicité donnée aux sociétés anonymes peut constituer un frein très puissant contre les spéculations téméraires.

Les sociétés anonymes sont, en beaucoup de cas, la forme la plus désirable d'association, et engagent beaucoup de personnes à confier leur capital en partie à ces sortes de sociétés, tandis que, sans cela, leur capital ne trouverait pas d'emploi.

Une liberté absolue, accordée à la façon de s'associer, est le meilleur moyen de répandre la prospérité dans un pays, par exemple, Massachussets, Nouvelle-Angleterre.

La loi sur les faillites et banqueroutes doit être telle que la probité financière soit garantie le plus possible.

La loi ne doit pas accorder aux créanciers de pouvoir tyrannique et ne pas se montrer tiède à l'égard du débiteur, surtout si la faillite est causée par sa propre faute.

La loi doit empêcher qu'une faillite ne soit une opération financière avantageuse.

Les causes des faillites sont :

Confiance mal placée, paresse, spéculations dans des branches inconnues au spéculateur, manque de comptabilité, entreprises trop fortes pour le commerçant, dépenses excessives.

Il importe de s'opposer autant que possible à ce qu'un crédit soit accordé à un emprunteur susceptible d'en faire un usage improductif.

CHAPITRE X

La protection de l'industrie nationale équivaut à un gaspillage de capital et de travail.

L'organisation de colonies dans le but de procurer à la métropole un avantage en forçant les colons de n'acheter ce qu'il leur faut que dans cette métropole, part d'un mauvais principe et ne fournit pas de bénéfices, mais plutôt des pertes.

Une prime sur l'exportation ressemble à un marchand qui vendrait constamment à perte.

Les droits sur les blés sont également néfastes, non seulement à cause de l'argent qui est payé pour l'importation, mais encore à cause de ce fait que l'impôt est payé pour la totalité du blé consommé ; par conséquent, de lourds sacrifices imposés aux consommateurs et des avantages insignifiants pour l'Etat.

Les droits protecteurs peuvent être avantageux pour une industrie, quand elle se trouve dans une période de dépérissement.

Les raisons qu'argue Carey pour son Protectionnisme sont :

a). Protection de l'Industrie.

b). Le transport, étant un monopole naturel.

c). Les inconvénients du transport de fumier.

d). L'opportunité de former beaucoup de villes, afin d'augmenter la civilisation.

e). Production à l'endroit le plus proche.

f). D'avoir, pour les colonies, un champ de consommation.

Les lois contre l'usure empirent ce mal. Le meilleur remède contre l'usure c'est la liberté entière de fixer la rente qui doit être l'équivalent du service rendu en prêtant, et des risques.

Un abaissement artificiel du prix des articles de consommation a pour effet de transformer la classe ouvrière en une classe non-ouvrière.

Quand il y a disette, chacun doit consommer un peu moins pour aider la communauté. L'aide donnée sous forme d'argent est inutile, tant que le riche ne veut pas restreindre sa consommation ; puisque le seul résultat des dons en argent est que les prix s'élèvent et que les riches possèdent d'autant moins d'argent.

L'importation des vivres par le gouvernement est seulement utile quand les entreprises particulières ne peuvent y suffire.

Concéder des monopoles à quelques commerçants ou à quelques industries constitue une fausse attribution, parce qu'il en résulte l'indolence et que cette industrie ne fait pas de progrès et devient inapte au commerce international.

Les inventions et les produits littéraires devraient être protégés pour un certain temps de telle manière qu'un autre que l'in-

venteur ou l'auteur ne puisse recueillir les
fruits, tandis que ce dernier doit regarder
ce vol s'accomplir avec une passivité
impuissante.

Les lois servant à empêcher les ouvriers
d'exiger un salaire plus élevé sont encore
une fausse attribution de l'Etat.

Les grèves n'auraient chance de réussite
que si elles étaient absolument universelles
sur toute l'étendue de la terre ; et cela est
irréalisable.

Dans quelques métiers le salaire peut être
retenu artificiellement à un haut degré :
ce qui pèse alors, non sur les bénéfices,
mais sur les consommateurs. Il est bon
que les articles coûtent peu cher, pourvu
que ce bon marché soit le résultat du peu
d'élévation des frais de production, et
non d'une récompense insuffisante du
travail.

Il faut s'opposer formellement à ce que
les ouvriers soient forcés de prendre part
à une grève.

Les associations ouvrières ayant pour but

de mettre au même rang les bons ouvriers et les paresseux, l'abolition du travail à la pièce, la fixation d'un bénéfice maximum, etc., doivent être empêchées.

CHAPITRE XI.

DU SYSTÈME DU LAISSER-FAIRE.

Il n'existe pas de réponse exacte à la question de savoir jusqu'où les attributions de l'Etat doivent s'étendre.

Les ingérences de l'Etat peuvent être impératives, conseillères ou éclaircissantes.

La liberté individuelle doit être portée à un si haut degré, qu'il ne faut penser à la restreindre qu'au cas où cette liberté serait nuisible à autrui.

Les ingérences de l'Etat peuvent être plus fréquentes et plus lourdes précisément avec un gouvernement démocratique.

Les individus sont plus capables de veiller à leur propres affaires que le gouvernement ne saurait ou ne voudrait le faire.

Le vrai despotisme, c'est l'exagératton de la culture individuelle accompagnée d'une négligence de tout le reste.

Par la soif inextinguible de gloire et de pouvoir, les affaires d'un pays pâtissent à mesure que la satisfaction de la vanité puérile joue un rôle de plus en plus prépondérant chez ceux qui sont revêtus des charges publiques.

Le système du laisser-faire doit être la règle, il ne doit y être dérogé que quand il est absolument impossible de faire autrement.

L'ingérence de l'État est nécessaire quand elle peut donner de meilleurs résultats que les ingérences individuelles.

a) L'industrie doit être libre, mais il peut pourtant être utile de prendre des mesures contre la falsification des aliments ou contre l'usage inconscient de matières colorantes nocives.

b) Les classes les moins développées sont celles qui manifestent le moindre désir d'être instruites ; c'est pourquoi l'État doit se charger de suppléer à ce qui manque aux écoles particulières.

c) Protection des aliénés, des idiots, et,

en un mot, de ceux qui doivent être considérés comme incapables de raisonnement.

d) Protection des enfants contre les parents, par exemple, contre le travail excessif
imposé aux enfants dans les fabriques, et
les abus qui en découlent.

e) Protection des animaux.

f) Protection de la femme, en tant que ce
qu'elle a gagné par son travail, doit rester
sa propriété.

g) Protection contre les contrats conclus
sans expérience, par exemple, le mariage.

h) La participation de la femme aux
affaires politiques doit être encouragée.

i) La concession de quelques monopoles,
par exemple, le gaz et les eaux, et l'administration de la poste, du télégraphe, des
chemins de fer, des ponts et chaussées.

j) Le droit de confiscation et le droit de
régler les tarifs doit être joint à de tels
monopoles.

k) Colonisation selon Wakefield.

l) Bien que l'intérêt général commande à
tous d'être honnêtes, il est cependant du

devoir de l'État de protéger le droit de propriété.

m) L'assistance des pauvres de telle façon que la propriété ne soit pas encouragée.

La culture des sciences spéculatives, etc., doit aussi être rangée parmi les attributions qu'il est désirable devoir concédées à l'État.

H.-J. van der LEEUW-LANGNESE.

Rotterdam.

TABLE DES MATIÈRES

TABLE DES MATIÈRES

LIVRE II.

LIVRE IV.

LIVRE V.

Le Mans. — Imprimerie de l'Institut de Bibliographie de Paris.